C.G.T.

Conférence Ordinaire

DES FÉDÉRATIONS NATIONALES
ET DES BOURSES DU TRAVAIL
- OU UNIONS DE SYNDICATS -

TENUE LES 13, 14 et 15 JUILLET 1913

Salle de l'Égalitaire, 17, rue de Sambre-et-Meuse

PARIS

COMPTE-RENDU

MAISON DES FÉDÉRATIONS (Service de l'Imprimerie)
33, rue de la Grange-aux-Belles, Paris

1914

COMPTE-RENDU

de la

CONFÉRENCE
Ordinaire

DES FÉDÉRATIONS NATIONALES
ET DES BOURSES DU TRAVAIL
- OU UNIONS DE SYNDICATS -

TENUE LES 13, 14 et 15 JUILLET 1913

Salle de l'Égalitaire, 13-15-17, rue de Sambre-et-Meuse

PARIS

Fédérations de Métiers ou d'Industries

représentées à la Conférence

ET NOMS DE LEURS DÉLÉGUÉS

Agricoles du Midi	Ader.
Ameublement	Toussaint.
Allumetiers	Valter.
Alimentation	Bousquet.
Bâtiment	Ranty-Moulinier.
Bijouterie-Orfèvrerie	Lefèvre.
Brossiers-Tabletiers	Bocaux.
Bûcherons	Bornet.
Céramique	Rougerie.
Chapellerie	Michelet.
Chemins de fer	Coudun.
Coiffeurs	Luquet et Fresneau.
Cuirs et Peaux	Voirin et Brisson.
Employés	Cleuet.
Eclairage	Montoux.
Personnel de la Guerre	Hermann.
Habillement	Dumas et Manches.
Horticoles	Foucher.
Lithographie	Pichon.
Livre	Mammale.
Inscrits maritimes	Rivelli.
Maréchalerie	Sauvanet.
Métaux	Merrheim et Lenoir.
Papier	Laurent, Combet, Togny.
Ouvriers des P. T. T.	Ventroux.
Préparateurs en Pharmacie	Malbos.
Ports, Docks, Transports	Puyjalon.
Produits chimiques	Bernaud.
Sous-Agents des P. T. T.	Bertrand.
Service de Santé	Merma.
Sciage et Façonnage mécaniques	Roux.
Sous-Sol	Bartuel et Georget.
Textile	Decok et Inghels.
Tonneau	Marchand.
Transport en commun	Guinchard.
Travailleurs municipaux	Huek.
Verriers	Monnier et Delzant.
Voiture	Calinaud.

38 Fédérations sont représentées par 46 délégués.

Unions départementales

représentées à la Conférence
ET NOMS DE LEURS DÉLÉGUÉS

Ain-Franche-Comté	Klemczinski.
Alpes-Maritimes	Lencontre.
Ardèche-Drôme	Saillant.
Ardennes	Sauvage.
Aube	Schneider.
Aude	Teysseidre.
Bouches-du-Rhône	Durand.
Calvados	Mirey.
Charente	Gamory.
Charente-Inférieure	Bourguet.
Côte-d'Or	Prévost.
Creuse	Fougerol.
Dordogne	Teyssandier.
Eure-et-Loir	Chevalier.
Finistère	Pengam.
Gard	Lescalié.
Garonne (Haute-)	Marty-Rollan.
Gironde	Libéros.
Ille-et-Vilaine	Chéreau.
Indre	Lochet.
Indre-et-Loire	Chasles.
Loir-et-Cher	Mestivier.
Loire	Grand.
Loire-Inférieure	Cassin.
Loiret	Constant.
Maine-et-Loire	Bahonneau.
Meurthe-et-Moselle	Charbonnier.
Morbihan	Trévennec.
Nièvre	Bondoux.
Nord	Saint-Venant.
Oise	Leroux.
Orne	Labe.
Pas-de-Calais	Broutchoux.
Pyrénées-Orientales	Tabard.
Rhône	Royer.
Savoie	Péricat.
Savoie (Haute-)	Péricat.
Sarthe	Richer.
Saône-et-Loire	Dumoulin.
Seine	Bled et Minot.
Seine-et-Marne	Chaussy.

Seine-et-Oise	Lapierre.
Somme	Bignet.
Var	Blanchard.
Vaucluse	Faure.
Vosges	Cousin.
Yonne	Tissu.

47 Unions départementales de Syndicats, représentées par 48 délégués.

- Bourses du Travail -

représentées à la Conférence

ET NOMS DE LEURS DÉLÉGUÉS

Aix-en-Provence	Amonot.
Alais	Chapon.
Albi	Bigot.
Alger	Tendero.
Auch	Dret Henri.
Argenteuil	Stenger.
Aurillac	Peyroux.
Belfort	Mack.
Boulogne-sur-Mer	Baudoin.
Bourges	Galantus.
Castres	Bigot.
Carcassonne	Jammes.
Cette	Colleau.
Clermont-Ferrand	Morel.
Cognac	Morandier.
Commentry	Perrin.
Decazeville	Rives.
Dunkerque	Dekoninck.
Elbeuf	Labe.
Epernay	Muller.
Firminy	Grand.
Fougères	Feuvrier.
Fumel	Pontonnier.
Juvisy	Dupont.
La Guerche	Charlier.
La Seyne-sur-Mer	Labe.
Le Havre..................	Valin.
Lille	Saint-Venant.
Limoges	Rougerie.
Lorient	Trévennec.

Marseille	Durand.
Maubeuge	Pierre Houlé.
Mazamet	Bigot.
Montluçon	Barrault.
Montpellier	Cros.
Nantes	Savariau.
Narbonne	Cheytion.
Nemours	Ponard.
Nîmes	Escalié.
Niort	Jouieau.
Reims	Guernier.
Rennes	Chéreau.
Rive-de-Gier	Grand.
Roanne	Roche.
Romilly	Bousquet.
Rouen	Grandin.
Roubaix	Decok.
Saint-Etienne	Grand.
Saint-Nazaire	Nicolas.
Saint-Quentin	Desmarets.
Saumur	Constant.
Troyes	Schneider.
Tulle	Monteil.
Valenciennes	Trocmé.
Vichy	Perrin.
Vierzon	Giraudon.

56 Bourses du Travail, représentées par 53 délégués.

Au total : 139 organisations, représentées par 147 délégués.

LA CONFÉRENCE

Première Journée

Séance unique.

A neuf heures trois quarts du matin, dans la salle des Fêtes de la Coopérative l'*Egalitaire*, la première séance de la conférence est ouverte par le camarade Jouhaux, secrétaire de la C. G. T., qui procède immédiatement à la formation du bureau, qui est ainsi constitué :

Président : SCHNEIDER, de l'Union de l'Aube ;

Assesseurs : ROYER, délégué du Rhône, et DESMARETS, de Saint-Quentin.

Le secrétariat sera assuré, pendant la durée de la conférence, par les camarades :

CHARLIER, Bourse du Travail de La Guerche ;
KLEMCZINSKI, U. des S. de l'Ain-Franche-Comté ;
LABE, U. des S. de l'Orne ;
LAPIERRE, U. des S. de Seine-et-Oise.

VÉRIFICATION DES MANDATS

JOUHAUX donne connaissance à la conférence des mandats adressés au Bureau confédéral par les Fédérations.

LAPIERRE fait connaître ceux adressés par les Bourses du Travail.

DUMOULIN énumère ceux qui furent adressés par les Unions départementales de Syndicats.

JOUHAUX. — Il est inutile de désigner une Commission de vérification des mandats, tous sont libellés sur papier avec en-tête des organisations mandataires et sont timbrés par leurs secrétaires.

UN DELEGUE. — Comment va-t-on voter, il y a des départements où l'Union départementale et des Bourses du Travail sont représentées.

LAPIERRE. — Les Unions départementales doivent être constituées le 1ᵉʳ janvier prochain, il est difficile pour cette conférence encore de refuser les mandats des Bourses du Travail, notre situation confédérale est la même qu'au Congrès du Havre, nous devons donc admettre les Bourses du Travail.

A l'unanimité, les mandats de 139 organisations sont validés.

JOUHAUX. — La conférence ne pourra commencer la discussion de son ordre du jour ce matin, il faut que les délégués se rendent à la manifestation du Pré-Saint-Gervais, afin de montrer à Barthou, qui prétend que nous ne sommes qu'une poignée de malfaiteurs, qu'il s'est trompé.

Délégués des organisations de province, vous représentez plus de 300.000 travailleurs qui, soit dans des meetings publics, soit dans leurs organisations, ont protesté contre la loi de trois ans et les arrestations arbitraires de nos camarades. Venus à Paris aujourd'hui pour la Conférence des Bourses et des Fédérations, vous avez le devoir d'être cet après-midi au Pré-Saint-Gervais.

Avant de lever la séance, je vous propose de voter l'ordre du jour dont je vais vous donner lecture:

La Conférence des Bourses du Travail, Unions de Syndicats et Fédérations nationales corporatives, tenue salle de l'Egalitaire, les 13 et 14 juillet, tient, dès l'ouverture de ses travaux, à adresser ses sentiments de solidarité aux camarades militants arrêtés arbitrairement et dans un but indéniable de réaction politique.

Adresse aux soldats que les projets et les illégalités du gouvernement ont poussés à des gestes de protestation et si férocement frappés par les conseils de guerre, leur salut ému et fraternel.

Elle leur exprime l'espoir que la classe ouvrière et la conscience publique sauront obtenir leur retour parmi les leurs, en même temps que la libération de la classe en septembre prochain.

La Conférence déclare que c'est dans les mesures qu'elle prendra pour développer la puissance de l'organisation et de l'action ouvrières qu'elle trouvera les moyens de faire échec aux menées militaristes et aux projets réactionnaires des gouvernants et qu'elle obtiendra de ce fait la mise en liberté des siens.

La Conférence affirme que la C. G. T. est plus vivante que jamais; que rien ne saurait l'arrêter dans sa marche vers plus de mieux-être et de liberté.

Dédaignant les injures et les incriminations du chef du gouvernement, la Conférence passe à l'ordre du jour.

Adopté à l'unanimité.

La conférence décide de maintenir le même bureau pour la séance du lendemain matin.

Deuxième Journée

Deuxième séance.

Président : SCHNEIDER :

Assesseurs : ROYER et DESMARETS.

JOUHAUX expose en termes rapides les données du problème qui est soumis à la conférence. Il ne s'agit pas, dit-il, de faire disparaître les Bourses du Travail et les Unions locales, comme d'aucuns ont pu le penser.

S'il en était ainsi, il serait matériellement impossible aux Unions départementales d'accomplir leur mission, de réaliser leur rôle.

Nous voyons trop souvent ce qui se passe lorsqu'un de nos délégués se rend en province : S'il crée une organisation nouvelle, celle-ci végète ou meurt lorsqu'une organisation locale ne se trouve pas à côté d'elle pour l'accueillir et la soutenir.

Il faut donc que les Bourses du Travail soient soutenues. Il est d'autre part indispensable de faire l'union entre les Fédérations de métier ou d'industrie et les Unions départementales.

C'est à réaliser cette œuvre nécessaire pour développer la puissance de l'organisation que tend le rapport que nous vous présentons.

LAPIERRE donne lecture du rapport suivant :

Rapports devant exister entre Fédérations Nationales Corporatives, Bourses du Travail et Unions départementales de Syndicats.

Se conformant aux indications données par le Congrès du Havre, le Comité confédéral a décidé de faire figurer à l'ordre du jour de la Conférence des Fédérations et Unions de Syndicats les trois questions ci-dessous qui font l'objet de ce rapport :

1° *Discussion sur les rapports devant exister entre Fédérations nationales corporatives, Bourses du Travail et Unions de Syndicats;*

2° *La carte syndicale et industrielle par région;*

3° *Application au 1ᵉʳ septembre prochain des modifications aux statuts votées par le Congrès du Havre.*

Pour préparer la discussion de ces questions devant la Conférence, le Comité confédéral nomma une commission composée des camarades :

Lenoir, de la Fédération des Métaux;
Puyjalon, de la Fédération des Ports et Docks;
Voirin, de la Fédération des Cuirs et Peaux;
Montoux, de la Fédération de l'Eclairage;
Coudun, du Syndicat national des Chemins de fer;
Tendéro, délégué de la Bourse du Travail de Nevers;
Pontornier, délégué de la Bourse du Travail de Fumel;
Savoie, délégué de la Bourse du Travail de Brive;
Charlier, délégué de la Bourse du Travail de Constantine;
Bousquet, délégué de l'Union des Syndicats de Vaucluse;
auxquels furent adjoints les membres du Bureau confédéral.

Le 20 mai, cette Commission se réunissait et après échange de vues sur la nature des rapports qui doivent exister entre les Fédérations et les Unions de Syndicats, elle chargea les secrétaires confédéraux et les camarades Lenoir et Lapierre de rédiger un rapport s'imprégnant des idées émises au cours de la réunion préparatoire.

Ce rapport sera inséré dans la *Voix du Peuple*, afin que chaque organisation puisse mandater utilement ses délégués, après l'avoir étudié et discuté. Ainsi en décida le Comité confédéral.

L'UNITE OUVRIERE CONFEDERALE

Le besoin d'établir des relations entre les Fédérations d'industrie ou de métiers et les Bourses du Travail se fait sentir depuis plusieurs années ; cette question, présentée sous des formes différentes, a fait l'objet de discussions, souvent passionnées, dans les Congrès confédéraux et les Conférences nationales des Fédérations et Bourses du Travail.

Ces relations étaient rendues difficiles par le peu de renseignements sur la vie syndicale en France que possède la C. G. T., et par l'impossibilité où se trouvaient les Bourses du Travail d'organiser la propagande dans toute l'étendue de leur département en participation avec les Fédérations intéressées.

Aujourd'hui, après la décision du Congrès du Havre, mettant les Syndicats d'un même département dans l'obligation de constituer une Union départementale, il est possible, autant qu'indispensable, que des relations existent entre Fédérations d'industrie et Unions départementales.

Des relations que la Commission confédérale, en accord avec le Comité, voudrait voir s'établir, il en résulterait plus d'activité pour notre mouvement ouvrier; de plus, elles compléteraient l'unité théorique, non réalisée en fait malgré le vote du Congrès de Montpellier.

L'unité ouvrière pourra exister à partir du 1er janvier 1914, quand la constitution définitive des Unions départementales sera un fait accompli. Quand les Fédérations trouveront dans chaque région une organisation leur permettant d'assurer une propagande plus fructueuse et souvent moins onéreuse.

Le groupement régional des Syndicats ouvriers, indispensable à la réalisation de l'unité de fait, a déjà, à Nice, en 1901, au Congrès de la Fédération des Bourses, fait l'objet d'un échange de vues entre les délégués préoccupés de créer l'unité ouvrière qui devait être définitivement votée un an plus tard, au Congrès de Montpellier.

Depuis cette époque, à chaque Congrès confédéral, à chaque Conférence des Fédérations et des Bourses, le besoin de fortifier notre organisation régionale se fera sentir et la question des Unions départementales soulèvera des discussions.

A Amiens, en 1906, le Congrès renvoya à la Conférence des Bourses le rapport que la Commission avait préparé à ce sujet, et après une longue discussion, la Conférence votait le vœu suivant :

« La Conférence des Bourses, réunie à Amiens, le 16 octobre, considérant que les Bourses du Travail et les Unions de Syndicats ont toujours été des organisations puissantes de propagande;

« Considérant qu'elles ont contribué, pour une large part, au développement de l'idée syndicale dans les centres les plus retirés;

« Reconnaissant l'efficacité incontestable de ces organisations, émet le désir de voir partout se constituer des Unions départementales ou régionales qui permettront d'intensifier la propagande en facilitant l'échange de propagandistes d'une localité à l'autre. »

A Marseille (1908), le Congrès, d'accord avec la Commission de vérification des mandats, refusait d'admettre avec voix délibérative les Syndicats non adhérents aux Unions départementales, pour les départements dans lesquels ces Unions étaient constituées.

A Toulouse (1910), la Conférence approuvait un rapport que le manque de place nous empêche de reproduire ici, mais que chacun trouvera à la page 102 du compte rendu du Congrès de Toulouse.

A cette Conférence fut également émise, sur la proposition du camarade Constant, du Loiret, l'idée d'une carte syndicale. Voici cette proposition :

« Que le Comité des Bourses établisse une carte confédérale en s'inspirant des formations prises et de celles qui peuvent guider la structure économique de la France et des colonies.

« Cette carte, qui sera modifiable suivant les avis des intéressés, sera adressée aux Unions au moins deux mois avant la prochaine Conférence. »

Enfin, au Havre (1912), le rapport de la Commission de modification des statuts, qui fut adopté, rendait obligatoire la constitution des Unions départementales.

Dispositions adoptées :

« 1° A partir du 1er janvier 1913, il ne sera confectionné qu'un timbre unique par département ou région.

« 2° Confection de timbres pour les départements où il n'existe ni Bourses, ni Unions de Syndicats confédérés.

« 3° Les Bourses du Travail d'un même département devront se réunir en Congrès pour constituer une Union départementale de Syndicats, avant le 1er septembre 1913.

« 4° A partir du 1er janvier 1914, il n'y aura qu'un délégué par département au Comité confédéral.

« 5° Dans les départements où il n'y a qu'une Union locale de Syndicats, ces organisations devront étendre leur action réelle sur tout le département. »

Ce même Congrès, rendant applicables les résolutions votées à Toulouse au sujet de la triple obligation confédérale, décidait que seules seraient confédérées les organisations adhérentes à une Fédération corporative d'industrie et à l'Union des Syndicats de leur département.

Cette résolution fait obligation aux Fédérations et aux Unions d'établir entre elles des rapports pour exiger de leurs adhérents le respect des décisions confédérales.

Le Comité confédéral et la Commission considèrent que les relations qu'il était dificile sinon impossible d'établir il y a quelques années peuvent l'être aujourd'hui sans toucher à l'autonomie des deux sections confédérales et sans qu'il y ait subordination de l'une sur l'autre.

NATURE DES RELATIONS A ETABLIR

Tous les militants qui suivent de près la vie confédérale ont été surpris du peu de documentation sur la vie syndicale et industrielle en France que possède le Bureau confédéral.

Le Comité confédéral et la Commission considèrent que le premier effort doit avoir pour objectif de remédier à cette lacune. En conséquence, il est demandé à chaque Union départementale de fournir une carte industrielle de leur département, indiquant :

1° Les villes et les cités avec leurs industries et le nombre d'ouvriers occupés dans celles-ci;

2° Les organisations syndicales avec le nombre de leurs adhérents dans ces mêmes villes.

En centralisant ces documents, la C. G. T. pourra créer un office de renseignements où viendront puiser les Fédérations pour l'organisation de leurs tournées de propagande.

Les Unions départementales étant constituées, les Fédérations auront également faculté de s'adresser aux secrétaires de ces Unions pour la préparation matérielle de ces tournées, afin que les délégués fédéraux trouvent les réunions mieux préparées qu'elles ne le sont actuellement dans bien des cas.

A l'Union départementale échoit le rôle de rechercher où une propagande utile peut être faite, à elle aussi le soin de retenir les salles de réunions, d'assurer l'affichage ou la distribution des circulaires, et, si possible, de trouver des camarades pouvant remplir adroitement des fonctions au bureau des organisations en formation.

La Fédération nationale corporative a pour mission d'apporter aux nouvelles recrues, en un langage technique, des précisions sur les revendications spéciales à leur métier et à leur industrie; à elle aussi le soin d'apporter aux Syndicats la vie corporative, en prenant des dispositions pour que les produits fabriqués dans une région ne nuisent pas aux revendications des travailleurs fabriquant les mêmes produits dans une autre région.

Fédérations et Unions ont également le devoir d'aider les Syndicats dans la préparation de leurs cahiers de revendications; souvent même le délégué de l'Union pourra s'occuper seul de cette besogne et en adresser copie à la Fédération, avant de le soumettre aux entrepreneurs ou aux usiniers.

Combien de syndicats seraient plus puissants, combien de grèves malheureuses seraient évitées si toujours l'on agissait ainsi!

Pour les petits conflits intérieurs des organisations syndicales — scissions, fusions, transformations — le délégué de l'Union peut utilement intervenir, parce que, connaissant souvent mieux que les fonctionnaires de la Fédération les véritables raisons du conflit et l'état d'esprit des camarades composant l'organisation, il pourra plus facilement mettre d'accord les deux parties sans que la Fédération soit dans l'obligation d'envoyer un délégué. Ainsi seront évitées bien des dépenses inutiles.

Certaines régions s'ouvrent aujourd'hui à l'industrie; les Unions départementales ont le devoir de surveiller sérieusement le développement de ces industries naissantes; elles aviseront les Fédérations intéressées dès que la constitution d'un Syndicat pourra être tentée avec quelques chances de succès.

De leur côté, les Fédérations communiqueront aux Unions les renseignements qu'elles auront pu se procurer par une autre voie : elle en feront contrôler l'exactitude si cela leur parait nécessaire.

On le voit, les raisons qui motivent des relations suivies entre Fédérations et Unions sont assez nombreuses pour que chaque organisation centrale en trouve au moins une qui puisse l'intéresser et de ce fait prendre le présent projet en considération.

COMMENT ETABLIR DES RELATIONS UTILES

La Commission a examiné longuement cette question et vous fait la proposition suivante :

Le secrétaire de l'Union départementale représente la C. G. T. dans toute l'étendue de son département.

Seul, il a droit d'y parler comme délégué confédéral, sans mandat spécial du Comité confédéral.

S'il se trouve dans l'obligation de mandater un ou plusieurs camarades de sa région pour parler au nom de la C. G. T., il devra en aviser immédiatement le Bureau confédéral.

Pour les grèves en cours, il devra fournir à la C. G. T. un rapport hebdomadaire sur la marche du mouvement, le nombre des grévistes, les résultats obtenus, etc.

Si cette proposition était acceptée, les secrétaires d'Unions départementales se trouveraient placés sous le double contrôle de l'organisation, dont ils sont les fonctionnaires, et du Comité confédéral, dont ils seront les délégués permanents.

Cette disposition nouvelle mettrait fin aux nombreux abus faits journellement par des camarades sans mandat, usurpant le titre de délégué de la C. G. T.

Le secrétaire de l'Union départementale, délégué officiel de la C. G. T., devrait également représenter toutes les Fédérations qui demanderaient son concours. En leur nom, il pourrait organiser des réunions de propagande, y prendre la parole, après en avoir été mandaté, soit directement par les Fédérations, soit par l'intermédiaire du Comité confédéral.

La Commission a examiné aussi les difficultés financières que pourraient rencontrer les Unions de Syndicats.

Pendant quelques années, des permanences ne pourront pas être constituées dans toutes les Unions; dans bien des cas, il sera nécessaire qu'une entente entre plusieurs départements s'établisse pour mettre en application par le paragraphe 3, du rapport sur les Unions départementales, voté par la Conférence du Havre, que nous rappelons :

« Que, dans leurs Congrès régionaux, les Unions départementales y invitent les Unions voisines et que, d'accord, elles s'entendent pour les moyens de propagande et au besoin pour désigner un délégué régional à la propagande pour plusieurs départements, tout en conservant la base statutaire qui est le département. »

Tenant compte aussi des faibles ressources dont disposent les Unions départementales, des difficultés qu'elles rencontrent pour augmenter le taux de leurs cotisations, le Comité confédéral et la Commission demandent aux Fédérations d'apporter aux Unions l'aide nécessaire pendant leur période d'organisation, en spécifiant cependant que ce concours sera accordé sans idées de domination d'un groupement sur l'autre.

Pour les conflits pouvant entraîner la radiation d'un Syndicat de sa Fédération ou de son Union départementale, le Comité confédéral et la Commission rappellent qu'en vertu des décisions du Congrès du Havre, cette mesure devra être prise par les deux organismes. Il apparaît donc que puisqu'il doit y avoir solidarité dans les conséquences de ces mesures, il doit y avoir collaboration pour ces décisions.

Donc, pour radier un Syndicat, il devra y avoir préalablement accord entre la Fédération et l'Union intéressée; en cas de désaccord, le Comité confédéral serait appelé à se prononcer.

CONCLUSION

En résumé, le Comité confédéral, la Commission vous proposent de décider :

1° *Que chaque Union de Syndicats devra fournir une carte des départements, en tenant compte des indications contenues dans le rapport spécial ;*

2° *Que les secrétaires d'Unions départementales seront seuls, et sans mandats spéciaux, délégués de la C. G. T. pour leur région ;*

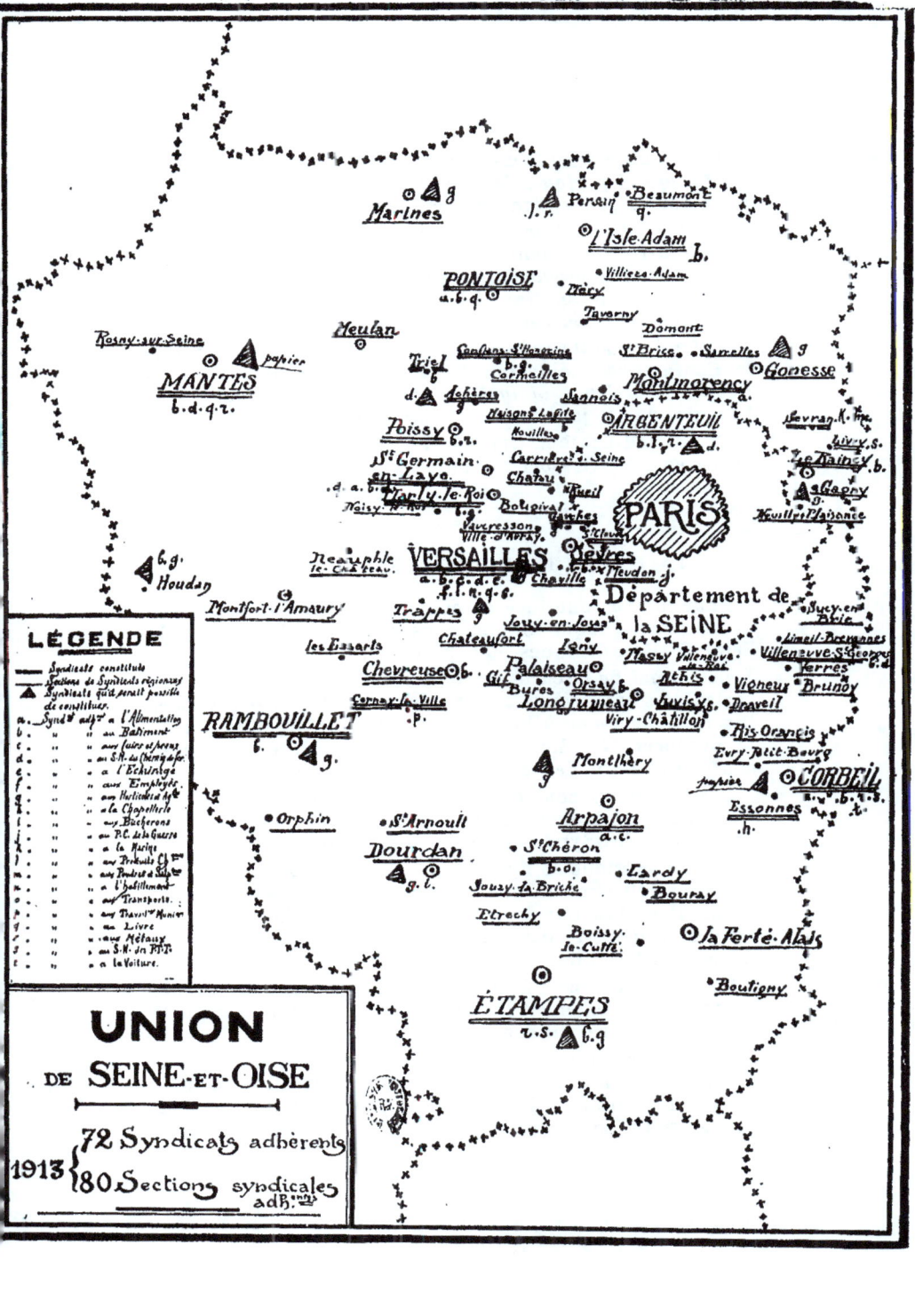

3° *D'inviter les Fédérations d'industrie et de métiers, et les Unions départementales à établir des relations étroites pour que la propagande donne le maximum de résultats ;*

4° *Que ces relations conservent toujours un réel esprit de solidarité, en tenant compte qu'il n'y a pas supériorité d'une forme d'organisation sur l'autre, puisque l'une et l'autre ont des fonctions bien distinctes contribuant chacune pour leur part à la vie confédérale.*

Enfin, le Comité et la Commission seraient désireux que la Conférence décide que les abonnements à la *Voix du Peuple, troisième obligation confédérale,* partent, dans l'avenir, du 1ᵉʳ janvier au 1ᵉʳ juillet de chaque année.

Cette modification simplifierait dans une large mesure la besogne des trésoriers confédéraux.

LA CARTE INDUSTRIELLE PAR REGIONS

Pour donner une idée de ce que pourrait être la carte à dresser par chaque Union, nous avons établi celle de la Seine-et-Oise, qui nous était plus connue.

Le format de la carte employé est le même que celui des cartes que l'on trouve au dos des calendriers des Postes, il sera donc facile à tous les secrétaires d'organisation de se procurer la même ; en cas d'impossibilité, le bureau confédéral ferait le nécessaire.

Les Syndicats sont classés par Fédérations et la même lettre que l'on trouve en regard du titre de la Fédération, sur la liste des Syndicats, est reportée sur la carte.

Des Fédérations ne figurent pas sur cette liste, les Unions classeront elles-mêmes les Fédérations comme elles le voudront, il suffira que la lettre sous laquelle la Fédération est désignée sur la liste des Syndicats soit la même sur la carte et la légende.

Pour les Syndicats à constituer, le signe spécial adopté devra porter également la lettre de la Fédération à laquelle le Syndicat sera rattaché.

Dans un rapport trimestriel, les secrétaires des Unions de Syndicats classent les Syndicats par Fédérations comme elles sont indiquées dans le rapport pour le département de Seine-et-Oise.

MEMBRES ADHERENTS EN JUIN 1913

a. — FEDERATION DE L'ALIMENTATION

Boulangers de Versailles	50	150
— de Saint-Germain	17	45
— de Corbeil	15	100
— de Pontoise	18	75
Meuniers de Corbeil	10	400

b. — FEDERATION DU BATIMENT

Bâtiment de Montmorency	109	350
— d'Arpajon	45	150
— de Sèvres	446	292
— de Poissy	292	300
— de Pontoise	164	300
— de Villeneuve-St-Georges	300	800
— de Triel-Meulan	46	100
— de Marly-le-Roi	82	250
— de Maisons-Laffitte	67	150
— d'Argenteuil	214	850
— de Mantes	165	300
— de Saint-Germain	255	400
— de Conflans-Sainte-Honorine	77	170
— de Versailles	91	500
— de Montfort	10	200
— du Raincy	340	1500
— d'Orsay	155	600
— de Corbeil	33	200
— de l'Isle-Adam	38	200
Carriers-Terrassiers de S.-et-O.	1498	Variable
Carriers à grès de S.-et-O.	488	800
Charpentiers de Versailles	25	100
Maçons de Versailles	295	800
Treillageurs-Fendeurs de Seine-etOise	20	80

c. — FEDERATION DES CUIRS ET PEAUX

Cordonniers de Versailles	5	25
Chaussure d'Arpajon	200	250

d. — SYNDICAT NATIONAL DES CHEMINS DE FER

Section de Saint-Germain-en-Laye	30	»
— de Versailles	100	»
— de Mantes	120	»
— de Villeneuve-Saint-Georges	140	»

e. — FEDERATION DE L'ECLAIRAGE

Syndicat de l'Eclairage de Versailles	80	120

f. — FEDERATION DES EMPLOYES

Employés de Seine-et-Oise	88	(Manque de renseignements)

g. — FEDERATION HORTICOLE ET AGRICOLE

Maraichers d'Achères	170	900
Champignonnistes de Conflans-Sainte-Honorine	25	80
Jardiniers de Saint-Cloud	16	80
— de Marly-le-Roi	28	300
— de Garches	20	100

h. — FEDERATION DE LA CHAPELLERIE

Chapeliers d'Essonnes	40	40

i. — FEDERATION DES BUCHERONS

Bûcherons de Seine-et-Oise	22	100

j. — FEDERATION DU PERSONNEL CIVIL DE LA GUERRE

Personnel civil de Chalais-Meudon	110	»

k. — FEDERATION DE LA MARINE DE L'ETAT

Syndicat de la Marine, sect. de Sevran	50	»

l. — FEDERATION DES PRODUITS CHIMIQUES

Caoutchoutiers d'Argenteuil	10	1200

m. — FEDERATION DES POUDRES ET SALPETRES

Poudriers de Sevran-Livry	356	400

n. — FEDERATION DE L'HABILLEMENT

Tailleurs d'habits de Versailles	5	»

o. — FEDERATION DES TRANSPORTS

Transports de Saint-Chéron	20	60

p. — FEDERATION DES TRAVAILLEURS MUNICIPAUX

Carriers de Cernay-la-Ville	57	»

q. — FEDERATION DU LIVRE

Section de Beaumont	18	»
— de Pontoise	19	»
— de Mantes	11	»
— de Versailles	90	»
— de Saint-Germain-en-Laye	11	»

r. — FEDERATION DES METAUX

Instruments de musique de Mantes....	72	»
Métaux de Port-Marly-Poissy..........	60	400
— d'Argenteuil	226	1200
— de Corbeil...................	62	600
— de Mantes...................	15	60
— de Juvisy...................	22	300
— de Livry....................	12	400

s. — SYNDICAT NATIONAL DES SOUS-AGENTS DES P. T. T.

Section d'Etampes...................	26	»
— de Corbeil...................	25	»
— de Versailles................	41	»

t. — FEDERATION DE LA VOITURE

Syndicat de Sèvres-Versailles..........	12	»
— de Corbeil................	12	»

Le département de Seine-et-Oise est très peu industriel. A Persan, à Argenteuil, à Corbeil, à Livry, quelques milliers de métallurgistes sont inorganisés.

Toute la partie sud du département n'a jamais été touchée par la propagande : dans cette région, le Bâtiment pourrait recruter à Etampes, à Angerville, à Méréville ; dans l'Ouest, à Montfort-l'Amaury, Houdan.

Depuis la grève de 1911, les ouvriers des sablières de Draveil ont à peu près totalement abandonné le Syndicat : huit cents membres ; même situation dans les fabriques de ciment de Mantes et de Beaumont-sur-Oise.

Dans les briqueteries d'Argenteuil et Domont, pas d'organisation ; la plupart des ouvriers occupés dans ces usines sont de nationalité étrangère, belge principalement.

Enfin, dans le Gâtinais, dans le Vexin, dans la Beauce, tout est à faire chez les ouvriers agricoles : dans ces régions, une entente pour la propagande devra s'établir entre les diverses Unions intéressées, mais les ressources financières ne nous permettent pas de tenter actuellement une telle besogne, qui serait coûteuse et de longue durée.

*

Si chaque secrétaire d'Union départementale fournit à la C. G. T. les renseignements que contient ce rapport, le Bureau confédéral aura ainsi une arme de propagande utile qui lui a fait défaut jusqu'à ce jour.

Nous avons dit, au début du rapport, que la carte collée au dos du calendrier des Postes était toute désignée pour cette besogne, sans avoir à dessiner une carte spéciale comme nous avons dû le faire pour la reproduire dans la *Voix du Peuple* ; il suffira de souligner les localités où existent des Syndicats et d'écrire les signes à l'encre rouge pour que ce document ne soit pas trop embrouillé, malgré les routes et les lignes de chemins de fer qui figurent sur ces cartes et qui pourront être de quelque utilité pour les Fédérations.

Pour le Comité confédéral :
Le secrétaire, L. JOUHAUX.

Pour la Commission d'élaboration :
Le rapporteur, J. LAPIERRE.

LAPIERRE. — Rien de ce qui est demandé aux secrétaires d'Unions de Syndicats ne peut être ignoré par eux, ils connaissent les industries de leurs départements, les conditions de travail qui sont appliquées dans les diverses villes.

Ils possèdent les renseignements nécessaires pour fournir un état mensuel sur le mouvement syndical, grèves, syndicats nouvellement constitués ou disparus dans leur département.

Chaque secrétaire d'Union départementale indiquera au Bureau confédéral si son organisation possède un bulletin mensuel, si oui, quel est son tirage — actuellement, le bureau ignore complètement le nombre des journaux qui sont édités en province.

Le bureau adressera à chaque Union deux cartes géographiques dont une sera renvoyée au bureau confédéral, l'autre restera au bureau de l'Union, elles leur seront facturées au prix coûtant.

Pour que la discussion ne s'embrouille pas, discutons d'abord sur la nature des rapports à établir entre Unions et Fédérations, ensuite nous verrons pour les rapports mensuels et trimestriels et la carte.

DUMOULIN. — Ce serait, dit-il, se désintéresser de la question que de s'imaginer qu'il suffit de voter un rapport pour la résoudre. Je vous invite donc à discuter le rapport qui vous est présenté par la Commission confédérale, à l'examiner en détail pour bien en comprendre la portée.

Vous aurez sans doute à formuler des critiques. N'a-t-on pas déjà dit que nous voulions instituer des préfets confédéraux dans les départements. Donc, une discussion est nécessaire.

N'y aurait-il pas, dans certaines Fédérations, une certaine tendance à installer des permanents régionaux en dehors des Unions départementales. Je considère qu'ainsi on ne réalise pas des rapports entre les Unions et les Fédérations ; et cependant l'action des Fédérations est insuffisante si elle n'est pas liée avec celle des Unions départementales.

On a déjà parlé de départements dans lesquels nous ne pouvons plus faire pénétrer notre propagande. Je cite des cas : dans l'Est, par exemple, il serait urgent que les Fédérations intéressées apportent leur concours aux Unions départementales des Vosges et de la Meurthe-et-Moselle. Dans les Vosges, il y a près de 60.000 ouvriers du Textile, des ouvriers du Bâtiment, de la Métallurgie, du Papier, des Bûcherons, de l'Alimentation. La Fédération du Textile alloue 30 francs par mois à un délégué régional, qui, avec cette somme minime, ne peut rien faire ou presque rien. La Fédération du Papier s'est engagée à allouer 10 francs par mois à l'Union départementale des Vosges. Mais il vaudrait mieux que les Fédérations portent leurs efforts vers l'Union départementale pour qu'elle puisse avoir un permanent et faire de la propagande.

Il y a aussi d'autres départements à industries naissantes — c'est le cas du Calvados — où il faut nous préoccuper d'ordonner notre propagande par des relations établies entre Unions et Fédérations.

C'est pourquoi le rapport doit être discuté et je me fais un devoir d'y inviter les délégués à la conférence.

UNE MOTION PRÉJUDICIELLE

MARCHAND demande ce qu'est devenue la décision du Congrès du Havre visant à payer les voyages des délégués de province. Il dépose la motion suivante :

La Fédération du Tonneau demande que pour les futures

conférences, qui se tiennent tous les deux ans à Paris, la décision du Congrès du Havre pour l'indemnité totale des frais de voyage ait son plein effet à raison de un délégué par Union départementale et par Fédération de métiers ou d'industrie n'ayant pas leur siège dans la Seine.

La caisse confédérale devra avoir la réserve nécessaire pour faire rembourser les délégués qui viendront à la conférence.

JOUHAUX. — Il est exact qu'il était prévu de rembourser le voyage des délégués de province, mais cette décision était subordonnée à l'état de la caisse confédérale.

A la prochaine conférence internationale, on va nous demander une augmentation des cotisations internationales. Il est nécessaire de nous prémunir à l'avance pour faire face à cette augmentation.

CLEUET demande l'ordre du jour pur et simple.

Adopté.

DISCUSSION SUR LE RAPPORT

MICHELET (Chapellerie). — Les Fédérations ne peuvent faire utilement leur propagande parce que souvent elles rencontrent des obstacles auprès des Bourses du Travail et des Unions. Cela tient à ce que des relations étroites n'ont pas été établies entre Unions et Fédérations.

Je pense que pour établir ces rapports il faut les rendre obligatoires par l'application des décisions prises.

VOIRIN. — Les Unions et les Bourses ne favorisent pas toujours la propagande des Fédérations et je pourrais faire valoir pas mal de sujets de plaintes.

DUMAS. — J'insiste tout particulièrement sur le cas des Syndicats qui n'appliquent pas la double obligation confédérale : Adhérer à la fois à l'Union et à la Fédération. Je réclame donc le règlement définitif de cette fausse situation et l'application stricte des décisions de nos Congrès confédéraux.

KLEMCZINSKY (Ain-Jura), pour une motion d'ordre, demande qu'on ne s'en tienne pas à des récriminations, mais qu'on apporte des solutions.

Le problème le plus important est l'étude de ce qu'il y a de plus immédiatement praticable dans le rapport. Le Congrès du Havre a peut-être un peu abusé de ce qui n'est pas encore consacré par la pratique. Tenons-nous pour cette année à l'organisation du service de renseignements exigeant la collaboration de toutes les filiales de la C. G. T. Ces renseignements viseraient non seulement le nombre d'ouvriers par industries, mais aussi leurs conditions de salaires, les moments opportuns pour les toucher, renseignements permettant de préparer à l'avance la propagande.

Nous n'empêcherons pas les difficultés particulières de surgir des difficultés générales. Il y a des situations inhérentes aux industries, aux régions, aux époques, qu'on ne peut régler rigidement sans de graves dangers.

FAURE (Vaucluse). — Si tout à l'heure certaines Fédérations ont formulé des plaintes, les Unions pourraient en formuler à leur tour, car elles ne rencontrent pas toujours auprès des Fédérations tout le concours désirable pour la propagande.

COUSIN (Vosges). — Dans notre département, nous ne pouvons pas faire ce que nous voudrions, ne comptant que 650 syndiqués, nous ne disposons pas de ressources suffisantes. Cependant, il y a quelque chose à faire, il faudrait que dans les cas semblables au nôtre les Fédérations fassent un effort pour aider les Unions. Nous nous sommes adressés à toutes les Fédérations intéressées. Le Textile a répondu en créant un poste de délégué régional, il ne répond peut-être pas à tout ce qu'on en espérait, mais néanmoins il y a quelque chose de fait. D'autres Fédérations ont apporté aussi une certaine part d'efforts, tel que le Papier, par exemple. En concentrant les efforts épars, on pourrait obtenir des résultats. La question est ainsi posée. A la conférence de voir ce qu'elle en pense.

FEUVRIER (Fougères). — Les rapports entre Unions et Fédérations sont nécessaires et ils devraient être obligatoires. Mais il est un point, point sur lequel il y a nécessité d'attirer l'attention de la conférence, c'est sur le cas des Syndicats isolés qui n'appartiennent pas à une Union locale. Nous avons de ces cas-là en Ille-et-Vilaine, et je voudrais bien que la conférence nous donne des indications pour que nous adoptions un système convenable dans notre région.

CHEREAU. — Mais cela est l'affaire des Congrès départementaux d'Ille-et-Vilaine...

LAPIERRE. — Laissons se continuer la discussion sur ces détails qui ont leur intérêt.

FEUVRIER. — Je conviens de ce que dit Chéreau, mais nous avons quand même besoin d'indications.

La conférence décide sur ce point de laisser toute latitude aux Unions intéressées.

ROYER (Rhône). — Nous estimons que le rapport convient aux exigences actuelles et qu'il contient d'excellentes choses. Mais il ne nous a pas paru suffisant quant à certaines besognes de propagande régionale. C'est pourquoi nous avons de notre côté établi un rapport, non pas pour nous opposer à celui de la Commission confédérale, mais pour le compléter si possible, pour apporter certaines précisions et donner notre point de vue à l'égard des nouvelles formes d'organisation que l'on préconise.

Il donne lecture du rapport suivant :

Rapport de l'Union du Rhône
sur les Unions Départementales.

Filiales de la C. G. T., les Unions départementales se sont imposées par un réel besoin de décentralisation ; les Syndicats des différentes corporations appartenant à une même région ne doivent pas s'épuiser dans des luttes difficiles sans autre soutien que leur Fédération de métier ou d'industrie siégeant généralement à Paris et pas toujours à même de donner un appui efficace, toutes n'étant pas assez puissantes pour fournir le maximum d'efforts moraux ou pécuniaires indispensables en ces circonstances difficiles. Ils ont besoin de la sympathie agissante et de l'effort de solidarité morale et matérielle des Syndicats de toutes professions existant dans leur région, sinon de toutes les organisations ouvrières.

A côté des Fédérations reliant les salariés par des intérêts corporatifs identiques ou solidaires, les Unions de Syndicats doivent s'efforcer de faire disparaître l'étroit esprit corporatiste qui, trop souvent encore, sème des haines et élève des barrières entre des travailleurs que le hasard a placés dans des corporations différentes.

Elles devront être complètement indépendantes des pouvoirs publics ; ne solliciter aucune subvention municipale, départementale ou gouvernementale ; les Unions départementales alimenteront leur budget exclusivement par les cotisations ouvrières, afin d'être à l'abri des fluctuations politiques, puisant ainsi dans leur indépendance une force nouvelle pour combattre vigoureusement toutes les iniquités qui pourront être commises contre la classe ouvrière.

Elles devront être le soutien normal de tous les Syndicats adhérents indistinctement, tout en gardant dans leur organisme la souplesse nécessaire pour leur conserver la plus large autonomie.

Se perfectionnant sans cesse, l'organisme central départemental doit être à même de pouvoir répondre aux exigences nouvelles créées par les besoins pressants de la lutte économique et, tant dans sa partie administrative que dans son action de propagande, apporter un appui efficace aux organisations syndicales de la région.

Le secrétaire de l'Union départementale, représentant la C. G. T. dans toute l'étendue de son département, ayant seul le droit d'y parler comme délégué confédéral, sans mandat spécial du Comité confédéral, sa désignation devra faire l'objet d'un choix judicieux où il serait peut-être utile qu'il soit procédé à sa désignation sous certaines conditions à examiner entre l'organisation intéressée et le Comité confédéral ou tout au moins que ce dernier puisse avoir un droit de contrôle discret, mais précis.

La constitution des Unions départementales ne devant sous aucun prétexte donner lieu à la disparition des Bourses du Travail ou Unions locales de Syndicats, il serait bon qu'elles s'engagent, au contraire, à en créer toutes les fois qu'elles auront au moins trois Syndicats d'une même agglomération ou localité, adhérents. Les Syndicats devant adhérer directement à leur Union départementale, ces dernières auront à charge une partie sinon tous les frais des Unions locales, qui, pour ne pas créer d'équivoque, prendront le titre de Comités intersyndicaux, possédant une autonomie locale complète; ces derniers pourront s'administrer comme il leur plaira, en tenant compte des décisions qui seront prises dans les Congrès ouvriers dont ils dépendent, laissant la propagande générale aux Unions départementales, mieux à même de la faire. Afin d'éviter toute équivoque, la localité où il y aura le siège de l'Union départementale devra s'occuper de tout ce qui concerne l'administration ou la propagande syndicale.

Ayant à établir des relations étroites avec les Fédérations, les Unions départementales devront, au point de vue administratif, prendre les dispositions qui permettent à chaque corporation de pouvoir trouver dans le casier qui lui sera particulièrement affecté tous les renseignements pouvant l'intéresser ou l'aider dans les luttes présentes ou futures, notamment un historique de la corporation, les fluctuations des salaires, le nombre d'ouvriers de la corporation, le pourcentage des syndiqués, le nombre des patrons, le mode de travail en usage (pièce, journée, tâcheronat), l'intensité du chômage si possible, la statistique des accidents du travail, l'âge de la mortalité, le prix de vente en gros et en détail des produits manufacturés, le nombre, la nature, la productivité des machines, des chiffres indiquant la différence entre la valeur du produit livré à la consommation et le salaire alloué à l'ouvrier.

Dans ce dossier corporatif, il devra également figurer des indications aussi précises que possible sur l'organisation patronale de la corporation, le nombre de ses adhérents, le degré d'activité et les moyens de lutte de ces groupements patronaux. Si chaque secrétaire ou militant d'un Syndicat adhérent, chaque propagandiste, chaque Fédération peuvent avoir rapidement sous les yeux tous les documents pouvant leur être utile et dûment éclairés, ils pourront et sauront agir au mieux des intérêts qui leur seront confiés.

Si, régulièrement et chaque fois que des changements importants auront lieu, on les transmet avec la carte départementale industrielle au Comité confédéral, on permettra ainsi d'organiser la propagande générale de façon rationnelle, de faire plus d'action avec le minimum de dépense possible.

Munis de ces renseignements, il sera facile aux Fédérations d'organiser leurs tournées de propagande, d'accord avec les Unions départementales, dans les régions ou les localités encore inorganisées.

Partout où il n'existe pas de Syndicats professionnels, le bureaux de l'Union ou des Comités intersyndicaux devront se mettre en rapport avec des camarades susceptibles de fournir des renseignements utiles pour la formation d'une organisation et, dès que cela est possible, déléguer des militants pour la constitution définitive du groupement syndical en s'inspirant des décisions des Congrès.

Dans les grèves multiples qui se succèdent chaque année et dénotent la vitalité des Syndicats ouvriers, l'Union devra apporter son plus large appui, financièrement suivant les ressources de sa caisse de grèves, matériellement par l'envoi de listes de souscription, par le prêt local de son matériel de soupes communistes, et moralement par la délégation de ses militants auprès des camarades grévistes pour les réconforter dans la lutte engagée, les guider s'il y a lieu et profiter des loisirs créés par la cessation du travail pour organiser des causeries éducatives.

Ayant ainsi à faire face à une besogne d'administration et de propagande, les Unions départementales devront disposer des moyens nécessaires à cela; il leur faut à toutes au moins un permanent; la question est de savoir quels sont les moyens qu'il faut employer pour y arriver.

Nombre de permanents de Bourses n'existent que parce qu'il y a une subvention municipale qui permet de leur faire leurs appointements. Tous, vous connaissez, par expérience, les dangers qu'il y a à laisser se reposer sur une base aussi instable que celle des subventions la vitalité d'une organisation locale, à plus forte raison celle des Unions départementales. Or, très peu nombreuses sont celles qui disposent de ressources suffisantes pour avoir ce permanent.

Les Fédérations, par la perception de fortes cotisations, entravent l'augmentation de celles des Unions, qu'il est d'ailleurs très difficile d'accroître.

Nous avions tout d'abord songé à demander que le Comité confédéral prenne la charge d'assurer un permanent par Union départementale. Les calculs que nous avons établis, et qui en principe nous paraissent logiques, sont momentanément impraticables. En effet, il y a 86 départements ; il devrait donc y avoir autant de permanents, ce qui, à 200 francs par mois, fait une somme globale de 17.200 francs, soit pour 12 mois : 206.400 francs. Nous avions songé à augmenter d'autant les timbres confédéraux. Nous sommes arrivés au chiffre de 37 francs le mille pour les Unions et 40 francs pour les Fédérations.

Ce système a le défaut d'être trop onéreux pour certaines organisations qui, assez fortes, payeraient pour les faibles, et c'est là le côté démocratique du projet, mais sont dans l'impossibilité d'y faire face immédiatement.

Il nous faut donc abandonner cette idée ; compter sur l'augmentation des effectifs dans les Unions de faible densité, est certes la solution qui plaira le mieux, mais il nous faut bien constater que nous avons des départements où il sera difficile, sinon impossible, d'atteindre de sitôt le chiffre nécessaire d'adhérents pour suffire à boucler le budget d'une Union ayant un permanent ou, à son défaut, tout prêt, quelqu'un qui puisse au moins, en se déplaçant facilement, aller faire de la propagande où le besoin s'en fait sentir.

Nous proposons une solution qui, temporairement, pourrait donner des satisfactions immédiates. C'est l'organisation de délégués régionaux à la propagande.

Il serait possible de diviser, en principe, la France en un certain nombre de régions correspondant avec le nombre de camarades qui, dans la province sont capables de faire la propagande. La Confédération générale du Travail s'attacherait, par un appoint pécuniaire, à rendre ces camarades permanents libres ainsi des entraves patronales ; il leur serait facile de se porter rapidement d'un point à l'autre de la région qui leur serait attribuée.

Il faut songer que, malgré l'existence de permanents dans certaines Bourses, la nécessité de ces propagandistes se fait sentir. C'est ainsi qu'il ne se passe pas de mois sans que l'Union du Rhône ne soit appelée à fournir des propagandistes à Valence, Romans, Vienne. Grenoble même, sollicitant l'envoi de conférenciers. Qui ne sait que dans la Haute-Garonne et dans toute la région des Pyrénées, notre camarade Marty-Rollan est constamment en tournée de propagande ? Le Midi, le Sud-Est, éprouvent le besoin d'avoir à leur disposition de bons propagandistes.

Cet appoint de la C. G. T. permettrait de rendre plus libre de bons camarades, qui ne sont permanents que parce qu'ils trouvent, à côté des Syndicats ouvriers, des groupements qui aident à parfaire la mensualité indispensable à assurer leur existence, car il ne faut pas oublier que nos permanents, nos propagandistes auront suffisamment à faire en se vouant exclusivement à la besogne syndicale pour occuper tous leurs instants, pour qu'ils possèdent une liberté absolue.

En conséquence, nous déposons, au nom de l'Union des Syndicats du Rhône, la proposition suivante :

Le Comité confédéral devra présenter au prochain Congrès national un projet organisant la propagande générale dans toute la France, en divisant celle-ci en autant de régions qu'il lui sera possible de disposer de camarades à même de pouvoir remplir cet emploi, en les rendant permanents des Unions départementales auxquelles ils appartiennent, s'ils ne le sont déjà ; il est bien entendu que si cette proposition entraînait des frais supplémentaires à la Confédération générale du Travail, le Bureau confédéral établirait une proposition lui permettant de percevoir des organisations y adhérentes les ressources nécessaires à y faire face.

L'Union des Syndicats du Rhône.

BIGOT (Castres). — Je ne suis pas d'accord avec le système que nous demande d'instituer Royer. Il y aurait ainsi double emploi entre l'organisation régionale qu'il préconise dans son rapport et les Unions départementales et cela gênerait considérablement ces dernières.

Mais je crains aussi que la besogne de statistique attribuée aux secrétaires d'Unions ne dépasse leurs possibilités d'action. On veut faire de nous une véritable encyclopédie et en nous demandant trop on risque de ne rien avoir. Pour ce qui est des relations entre Unions et Fédérations, nous, à la Bourse de Castres, nous avons à nous plaindre de cinq Fédérations qui ont fait passer des délégués à Castres sans que la Bourse en ait été le moins du monde avertie.

DRET. — Je m'élève aussi contre les conceptions de Royer visant à la nomination de ces délégués régionaux qui seraient ainsi de véritables préfets sans costume. Mais j'estime que c'est surtout pour les renseignements statistiques que les Unions sont compétentes. Les secrétaires d'Unions doivent être mis dans l'obligation de fournir ces renseignements à la fois si utiles et si nécessaires.

JOUHAUX. — Il faut rappeler les origines de notre mouvement et son développement. Pelloutier avait envisagé tout le rôle qu'avaient à remplir les Bourses du Travail. Si cette besogne n'a pu être faite, il s'agit de la faire. Il est possible que l'application de certaines décisions de nos Congrès dépend de l'activité des militants. Mais la possibilité de réaliser ces décisions de Congrès est contenue dans le rapport que nous vous avons soumis.

Les rapports entre les Unions et les Fédérations ne sont pas ce qu'ils devraient être; il en est de même entre les Unions et leurs Bourses du Travail. L'Union départementale est chargée par notre rapport d'un travail d'analyse et de statistique. Ce travail, elle ne l'accomplira pas seule. Il y a une collaboration étroite à créer entre les deux organisations de la C. G. T., complétée par l'apport des Bourses du Travail.

Au reste, la question n'est pas d'ordre théorique, mais administratif et pratique. Et puis nous sommes à un moment nouveau de la vie économique en France. Nous assistons, depuis quelques années à un développement industriel considérable, dans certaines régions nous nous trouvons en face d'une concentration capitaliste.

Nous qui sommes d'origine industrielle, nous nous devons d'adapter nos modes de recrutement et d'action au développement et à l'évolution de l'industrie. Sinon nous risquons de nous agiter dans le vide.

Il faut donc que les organisations ouvrières soient au courant de la situation économique dans chaque région; ce sera la tâche des secrétaires d'Unions de fournir à la C. G. T. tous les renseignements qui lui permettront d'orienter utilement son action.

Il ne faut pas aller à l'aveuglette, mais s'appliquer à réaliser l'effort utile.

Voici un autre point de vue : Si la loi de trois ans est votée, il s'ensuivra une raréfaction de la main-d'œuvre et l'emploi de la main-d'œuvre étrangère. Déjà, dans des régions comme la Meurthe-et-Moselle, le nombre des ouvriers venus des autres pays est considérable.

Les positions prises par le patronat dans cette région paraissent imprenables. Notre travail, de ce côté, va devenir sans cesse plus difficile. Si au début de ces développements industriels nouveaux nous ne nous employons pas à enrayer les dispositions capitalistes, nous serons, dans quelques années, dans les mêmes conditions d'impuissance qu'en Meurthe-et-Moselle.

Sans doute nous sommes pour les minorités agissantes. Seulement ces minorités se lassent quelquefois si leur action reste infructueuse. Il faut leur donner une impulsion en rendant leurs efforts efficaces et leur permettre d'attirer derrière elles les masses inorganisées. C'est cette tâche que nous vous demandons de réaliser en votant notre rapport.

LESCALIE (Nimes). — Nous éprouvons parfois bien des difficultés pour notre propagande locale et la fonction de secrétaire de Bourse ne va pas toujours sans risques. Les Syndicats veulent user de leur autonomie et faire leur propagande par eux-mêmes sans solliciter de concours extérieurs. C'est pourquoi les relations s'établissent si difficilement.

RANTY (Bâtiment). — Je me borne à demander l'adoption du rapport de la Commission, mais je voudrais quelques précisions sur le rôle du secrétaire permanent.

Quant à la question posée par le délégué des Vosges, je dois dire qu'à la Fédération du Bâtiments nous consentons pour nos délégués régionaux des sacrifices qui ne nous permettent pas de nous engager envers les Unions départementales.

PERICAT. — Par expérience, je sais les difficultés que l'on rencontre dans les tournées de propagande et je ne crois pas à l'entière efficacité des moyens que vous préconisez. Combien d'efforts perdus par le manque de coordination et d'entente. Les délégués et les propagandistes des Fédérations se suivent à une journée d'intervalle dans les mêmes localités de sorte que chacun d'eux parle à un auditoire restreint.

Le remède à ceci est dans la fusion des Fédérations à laquelle on viendra tôt ou tard. Et puis, il y a les tiraillements et des rivalités à propos des cotisations aux Fédérations et aux Unions. Le taux des cotisations est loin d'être le même dans toutes les Fédérations et dans toutes les Unions. De là des heurts, des chocs et de la concurrence qui nuisent à la coordination des efforts. C'est pourquoi, à mon avis, la cotisation des Unions devrait être uniforme et fixée par la C. G. T.

Le rapport de Royer me plaît dans certaines de ses parties, mais il est pratiquement inapplicable. Je suis d'accord avec lui pour penser que l'organisation ne peut se développer qu'en se débarrassant de l'esprit corporatif. Ce rapport dit qu'avec 17.000 francs par mois on pourra payer les permanents des 86 départements, mais il n'y a pas que les frais d'appointements, il y a aussi les frais de déplacement et de propagande.

Pour conclure, je dis qu'il faut aller vers un plus grand nombre de permanents pour mettre le plus de militants possible à l'abri des coupes sombres patronales. Il faut établir des régions de propagande et cela ne sera possible que par la fusion des deux organismes confédéraux que j'ai déjà indiquée tout à l'heure.

BOUSQUET. — La Fédération de l'Alimentation n'est pas responsable si des Unions n'ont pas été averties du passage de ses délégués dans certaines localités. C'est aux Syndicats à faire part à leur Union des tournées de propagande fédérale. Je déclare cependant que je suis pour l'application stricte des décisions de nos Congrès et non pour la souplesse et l'élasticité comme d'aucuns l'ont demandé.

ROUGERIE (Limoges). — J'accepte le rapport; il me donne présentement satisfaction. Il prévoit une moyenne de réalisations pratiques et ouvre la voie pour créer les permanents. Il y a des Unions plus favorisées, où la propagande est plus facile à faire et où les ressources sont plus grandes. Mais il y en a d'autres qu'il faut aider. C'est ainsi que l'accord doit intervenir entre Fédérations et Unions départementales pour se partager la besogne et supporter les charges en commun. Surtout il faut s'attacher à conserver nos militants en ne les abandonnant pas à eux-mêmes et en en faisant autre chose que des tenanciers de bureaux de placement, comme le disait tout à l'heure Péricat.

DUMAS (Habillement). — Il y a des camarades qui aiment bien nager dans les idées générales, ce n'est ni le lieu ni le moment de le faire. Une Conférence ne peut être comparée à un Congrès. Nous sommes ici pour parler affaires et défendre nos intérêts si nous les croyons lésés. Or, des plaintes qui ont été formulées il apparaît bien que nous sommes lésés les uns et les autres. Si l'on s'attachait à faire appliquer strictement les statuts et les décisions des Congrès, bien de ces petites choses n'existeraient pas. Je suis donc, quant à moi, pour l'application des statuts et l'observation rigide des règles établies.

Je suis l'adversaire de l'unification des cotisations, car la vie syndicale n'existe qu'en raison des efforts demandés aux individus. Mais je persiste à croire que les décisions de Congrès et les statuts doivent être appliqués.

VOIRIN (Cuirs et Peaux). — Je suis partisan que l'on adopte le rapport qui est un acheminement vers quelque chose de mieux. Que l'on s'en tienne à l'accord entre les deux formes d'organisations, que l'on établisse des rapports plus suivis, des relations plus étroites, voilà qui peut paraître suffisant. Mais encore faut-il définir le rôle de chacun des deux organismes confédéraux. Voici comment j'entends, dans une formule brève, définir ce rôle: Aux Unions départementales échoit la propagande générale et l'action sociale faites d'accord avec le Comité confédéral; aux Fédérations d'industrie et de métier échoit la propagande et l'action corporatives, d'accord avec les Unions départementales.

Je voudrais aussi que l'on définisse plus exactement le rôle du secrétaire de l'Union...

LAPIERRE. — Le rapport est, je crois, explicite là-dessus.

VOIRIN. — Pas assez pour moi, et je désire qu'il soit bien décidé que le secrétaire de l'Union sera le représentant de la C. G. T. dans son département, que comme tel il devra avoir un mandat précis de la C. G. T. pour qu'il n'aille pas faire de la propagande où il voudra et quand il voudra.

Deuxième Journée

Troisième séance.

Président : BORNET, des Bûcherons ;

Assesseurs : BLED, de l'U. des S. de la Seine, et FAURE, de l'U. des S. du Vaucluse.

BLED (Seine) fait connaître qu'il existe une situation exceptionnelle dans la Seine et il en fait une question de principe pour cette Union. Il dit, qu'à son point de vue, l'union ouvrière devrait se réaliser sur les bases établies en 1902 au Congrès de Montpellier. Or, dans l'Union de la Seine, cinq ou six Syndicats adhèrent à leur Fédération et pas à l'Union. Il faut empêcher que quelques malintentionnés agissent ainsi, profitant que la carte confédérale est délivrée par la Fédération pour léser l'Union. Deux Syndicats radiés, l'un pour refus de fusion, l'autre pour refus de payer la cotisation pour la Maison des Syndicats, ne se sont laissé radier que parce qu'ils étaient certains d'avoir la carte par leur Fédération. De plus, ces Syndicats ont pu, on ne sait par quels moyens, se procurer des timbres de l'Union. Ces pratiques méprisables doivent être condamnées et nous demandons que la conférence les juge présentement. Le rapport résout bien des différends de cette nature pour l'avenir, mais il faut que le présent soit solutionné. On ne peut tolérer que des organisations se procurent des timbres d'une manière illicite.

Nous demandons des prescriptions rigides pour que l'on ne puisse pas abuser les camarades ignorants et pour que l'on ne puisse se prétendre confédéré quand on ne remplit pas la triple obligation ; la C. G. T. ne pouvant continuer à apparaître comme un monstre à deux têtes.

Partisan de l'application rigide des statuts, je regrette que Klemczinsky considère les décisions du Havre comme trop hâtives.

Je dépose donc une proposition qui, sans louvoyer ni biaiser, demande qu'au 1er janvier 1914 une organisation qui aurait dans son sein un Syndicat ne remplissant pas la triple obligation soit traduit devant le Comité confédéral afin que celui-ci prenne des mesures contre elle.

Notre proposition est la suivante :

A dater du 1er janvier 1914, il ne pourra plus y avoir d'organisations syndicales appartenant seulement soit à une Fédération, soit à une Union départementale.

Les Fédérations et Unions qui auraient dans leur sein, à cette date, des organisations n'ayant pas satisfait à la double obligation confédérale devront les radier purement et simplement.

A l'avenir, la mesure de radiation pour ou contre un Syndicat par sa Fédération entraînant obligatoirement la même mesure de la part de son Union départementale et vice versa, lorsqu'une proposition de radiation se présentera devant l'une ou l'autre de ces organisations, il devra s'établir préalablement un accord sur cette radiation entre la Fédération et l'Union intéressée. En cas de désaccord, le Comité confédéral départagerait les parties.

De même, à l'avenir, les admissions à l'une ou à l'autre de ces organisations ne seront prononcées définitivement qu'après accord entre elles.

BLED. — J'ai mandat aussi de poser une autre question consistant à savoir à quelle organisation un Syndicat doit s'adresser en premier lieu pour son adhésion, cela pour éviter qu'il soit baladé entre les deux organismes comme le cas se produit quelquefois : il me semble que c'est à la Fédération.

LAPIERRE. — Il n'y a pas de supériorité à établir entre l'un ou l'autre des organismes ; il suffira que les demandes d'admission se fassent en même temps aux deux organisations, si c'est l'Union qui constitue le Syndicat, elle lui indiquera la Fédération où il doit adhérer ; la Fédération fera de même. En cas de désaccord, le cas sera soumis à la C. G. T.

MERRHEIM. — J'ai une courte déclaration à faire au nom de la Fédération des Métaux. D'abord, au point de vue des relations entre Unions et Fédérations, nous estimons que cette collaboration doit s'exercer en respectant la pleine autonomie de chacun, c'est-à-dire qu'elles se doivent une aide réciproque. Je tiens aussi à relever une inexactitude de Dumoulin : nous n'instituons pas de délégués régionaux, nous aidons nos Syndicats par un appoint pécuniaire dans l'établissement d'un permanent qui facilite, par la suite, leur développement. Aussitôt que le Syndicat peut subvenir aux frais de son permanent, nous reportons notre effort sur un autre point.

Quant à ce que disait ce matin Péricat, nous n'avons jamais refusé de participer aux dépenses d'une propagande commune. Pour la tournée d'Algérie, nous attendons toujours la note du Bâtiment. Mais mon intervention a un autre objet: Nous nous sommes préoccupés des conséquences que va avoir la loi de trois ans pour la main-d'œuvre. Le patronat aura recours à la main-d'œuvre étrangère. Il faut donc, à notre avis, que la C. G. T. prenne position, car actuellement les ouvriers n'ont en France aucune sécurité; ils sont soumis à un régime arbitraire qui les empêche de s'organiser. Ils sont indignement trompés et exploités par les agences de recrutement qui ont été créées à l'étranger, où elles ont atteint un développement tel que des conflits se sont élevés entre patrons français et allemands à ce sujet. Nous ne sommes pas contre les ouvriers étrangers, nous demandons, au contraire, qu'ils aient les mêmes libertés que les Français. Tant qu'ils seront soumis à une règle spéciale, nous ne pourrons pas les organiser. Pourquoi n'allons-nous pas en Meurthe-et-Moselle, où il y a pourtant un nombre considérable d'étrangers? C'est parce qu'il est impossible de toucher ces camarades, qui sont toujours sous la crainte d'un arrêté d'expulsion s'ils tentent le moindre geste d'émancipation.

Il faut donc que cet état de choses change et une vigoureuse campagne peut être entreprise dans ce sens. Telle est la signification de la motion que je présente au nom des Métaux :

La Fédération des Métaux propose à la Conférence :
De donner mandat au Bureau confédéral de poser à la Conférence internationale des Centres syndicaux la question de la main-d'œuvre étrangère dans les différentes nations.
La Fédération des Métaux estime que, pour répondre au véritable but du syndicalisme, les ouvriers étrangers doivent être syndiqués dans les localités et agglomérés dans les organisations des nations mêmes où ils travaillent.
En ce qui concerne la France, vu le recrutement de la main-d'œuvre étrangère, déjà si considérable et qui est appelée à s'intensifier encore par la prolongation du service militaire ;
La Conférence nationale des Bourses du Travail, Unions de Syndicats et Fédérations nationales se fait un devoir d'informer les travailleurs du monde entier des conditions d'infériorité morales et matérielles qui leur sont réservées en France ;
Qu'il n'y a, pour eux, en France, aucune garantie au point de vue liberté, aucun droit de revendications ;
L'expulsion par ordre administratif, arbitrairement décidée et exécutée par les préfets des départements, est la seule réponse qui est faite à leur réclamation contre la violation des promesses qui leur sont faites par les employeurs pour les attirer en France ;
Qu'au point de vue accidents du travail, malgré les accords de réciprocité existant entre différentes nations, la loi est constamment violée, dans son esprit comme dans sa lettre, et donne lieu à de monstrueux abus, dont sont victimes les malheureux ouvriers étrangers, estropiés et sans défense ;
La Conférence, d'accord avec le Syndicat des Métaux, considère que, dans l'intérêt de nos camarades étrangers comme du mouvement syndical international, il lui appartient de prévenir tous les salariés étrangers susceptibles de puiser une décevante confiance dans une réputation de libéralité républicaine d'un régime trompeur, qui ne respecte à leur égard aucun des principes qui ornent son fronton.
C'est pourquoi la Fédération des Métaux, qui, en ce qui concerne les métallurgistes, fera le nécessaire dans son organisation internationale, demande à la Conférence nationale de souscrire aux moyens de faire connaître un tel état de choses en publiant dans tous les journaux corporatifs et dans tous les journaux étrangers susceptibles de

les insérer, des notes contenant l'essence de cet ordre du jour, jusqu'à modification des procédés d'exploitation.

La Conférence donne mandat au Bureau confédéral de déposer cette proposition à la prochaine Conférence internationale des Centres syndicaux.

MERRHEIM. — Je demande que cette motion soit déposée et soutenue à la conférence des centres syndicaux par les délégués de la C. G. T.

Rappelant ce qu'il a dit au début concernant les relations à établir entre Unions et Fédérations, il considère comme nécessaire une collaboration plus étroite entre les deux formes de groupements, tout en laissant aux Fédérations et aux Unions une liberté absolue pour mener leur action particulière. Il combat la méthode préconisée par Péricat, qui aurait pour résultat de créer une centralisation à outrance.

GAUTHIER. — Je constate qu'après bien des discours on arrive enfin aux moyens pratiques. Je dépose une proposition susceptible de dissiper bien des équivoques et d'éviter des conflits pour l'avenir. Cette proposition a pour but l'échange des bilans afin d'empêcher les fraudes au sujet des timbres pris en plus à l'un ou l'autre des organismes.

Je suis pour la proposition de l'Union de la Seine, bien qu'elle soulèvera peut-être des difficultés dans son application.

Voici ma proposition :

Les Fédérations nationales de métier et d'industrie et les Unions départementales devront faire un échange de leur bilan trimestriel, semestriel ou annuel, suivant qu'elles le font paraître tous les trois mois, tous les six mois ou tous les ans.

Ces bilans devront contenir le nombre de timbres délivrés à leurs Syndicats respectifs ou les sommes payées par ces derniers.

H. Gautier, Inscrits maritimes ;
Vignaud, Ports et Docks.

PERICAT. — Mes déclarations ont été mal interprétées. Merrheim a parlé de centralisation. On agitera cela chaque fois que l'on voudra changer quelque chose. Je maintiens qu'avec la forme d'organisation actuelle il y aura dualité. Comme exemple illicite le Bâtiment, allant toujours vers les hautes cotisations, ce qui fera qu'un jour les Syndicats répondront qu'ils sont déjà assez saignés par la Fédération. On a parlé d'égalité. C'est faux! Il y aura toujours suprématie de l'un ou l'autre des organismes. Vous viendrez à la centralisation, car il y a des efforts perdus; exemple les Métaux avec leurs allocations à certains Syndicats.

DRET. — La conférence a eu jusqu'ici l'aspect d'une haute Cour confédérale. On fait confusion sur le rôle qui nous est attribué; on cherche, à mon sens, des complications inutiles. L'envoi des bilans, par exemple, compliquera le travail des secrétaires d'Unions et de Fédérations, ceux-ci ayant toujours la possibilité de donner les renseignements qui leur sont demandés sans qu'il y ait pour cela obligation.

Comme conclusion, je dépose la motion dont voici le texte:

La Conférence, en adoptant le rapport de la Commission sur les relations qui doivent exister entre Unions et Fédérations, déclare que cette adoption implique fatalement la mise en pratique immédiate de la carte industrielle et du rapport mensuel;

Décide que des rapports étroits devront s'établir entre Unions et Fédérations; les unes et les autres devront se renseigner de la façon la plus exacte possible. Les statistiques établies par les Unions seront pour cela d'un réel concours.

Pour permettre l'établissement des cartes industrielles, le Bureau confédéral est chargé de procurer aux Unions et au prix de revient, les cartes nécessaires en deux exemplaires, un exemplaire devant être envoyé à la C. G. T., l'autre restant la propriété de l'Union.

Il reste entendu que, pour éviter les difficultés qui pourraient surgir, les Unions, comme les Fédérations, mettront leurs Syndicats intéressés en demeure de remplir les obligations confédérales d'ici le mois de janvier 1914.

JOUHAUX. — Il est impossible de laisser déclarer ici qu'il y a une opposition entre les intérêts des Unions départementales et des Fédérations.

S'il en était ainsi, le mouvement syndical ne serait pas viable. Il ne peut subsister de doutes à ce sujet. Certes, il y a des difficultés, des tirages, mais il ne faut pas en tirer des conclusions irritantes et fausses. Les décisions prises au dernier Congrès du Havre nous autorisent à exclure de nos assises les Syndicats boiteux et à prendre contre eux les mesures extrêmes.

Il est dangereux de ne prendre pour rien les efforts tentés pour obtenir les résultats actuels.

LAPIERRE, *rapporteur*. — Dans la question des rapports entre les Unions et les Fédérations, nos conclusions sont catégoriques.

Il étudie les rapports présentés.

Celui de l'Union du Rhône contient des propositions dangereuses. Il y a lieu d'écarter d'abord une pensée qui tendrait à voir désignés par le Comité confédéral les permanents des Unions des Syndicats.

Notre rapport discute les rapports des Unions et des Bourses du Travail. Statutairement, les Unions de Syndicats sont composées de Syndicats adhérents directement à leur Union. Il ne faut pas que les Unions soient ou obligées de s'immiscer dans les affaires des Bourses du Travail, ou de leur abandonner des Syndicats sans contrôle.

Il demande de ne pas se rallier au rapport de l'Union du Rhône, qui envisage des situations prématurées. Le rapport est plus modeste, il prévoit la situation présente.

Bigot nous demande de laisser aux Fédérations nationales le soin de fournir les renseignements et statistiques prévus par le rapport, mais les Fédérations peuvent-elles connaître les situations de régions capables de les guider utilement pour leur propagande ? Non! C'est la besogne des Unions de Syndicats.

Sans vouloir entasser au Bureau confédéral une paperasserie inutile, nous vous demandons d'accepter le travail prévu par le rapport.

La proposition de Gauthier aboutit à cette paperasserie; il faut s'en tenir à l'article des statuts confédéraux voté au Havre, qui est la proposition Gauthier.

On a parlé de préfets confédéraux, que l'on voulait instituer des fonctionnaires officiels, il ne faudrait pas voir au delà de l'importance de ce titre de délégué confédéral ; tous les délégués connaissent les abus qui se commettent au nom de la C. G. T., tel voyageur de commerce est délégué confédéral pour la circonstance, ce sont ces abus qu'il faut faire cesser.

Ce qui s'impose, d'abord, c'est le rejet du rapport du Rhône.

ROYER. — Vous comprendrez qu'après le violent réquisitoire du rapporteur notre rapport a besoin d'être commenté.

Une question, qui n'est pas définie encore, c'est celle des rapports entre Unions locales et Unions départementales, ces dernières doivent-elles être composées d'Unions locales ou de Syndicats. Pour nous, elles doivent être constituées par les Syndicats et favoriser la création de Bourses locales.

Quand nous demandons que la nomination des secrétaires d'Unions départementales soit approuvée par le Comité confédéral, nous émettons le désir de voir les propagandistes officiels en communauté d'idées avec la C. G. T. Nous avons prévu le sectionnement de la France en régions de propagande.

LUQUET. — Nous sentons tous que le malaise que subissait ce matin le débat commence à se préciser. Tout le débat se résume en ceci: Établir les rapports entre les deux formes du groupement ouvrier. Pour la distribution des timbres, par exemple, n'y a-t-il pas à craindre de voir disparaître des Unions locales ? Par les termes des rapports de la Commission, des Unions locales sont appelées à subir des malaises perpétuels. Ce qui a donné naissance à l'Union départementale, ce sont des raisons de propagande. Un Syndicat qui exerce son action dans une ville doit avoir des relations avec ceux des villages voisins.

FEUVRIER. — Pour la libération des Bourses de la tutelle municipale, il y aurait un danger à ce que les Syndicats ne soient pas obligés d'adhérer à l'Union locale en leur permettant d'adhérer directement à l'Union départementale.

DESMARETS fait remarquer que les Syndicats qui sont en dehors de la localité n'ont pas lieu d'adhérer à la Bourse du Travail.

CHEREAU. — On plaint ces pauvres secrétaires d'Union alors qu'eux ne se plaignent pas. Pour ma part, je déclare que la besogne qui nous est demandée n'est pas au-dessus de mes forces. Quant aux subventions, je tiens à déclarer que notre Bourse est subventionnée mais que jamais nous ne tolérerons que l'on nous impose des Syndicats non confédérés; nous agirons comme nous avons fait pour le Syndicat des Musiciens de Rennes. Tout ce qui a son écho ici ne provient que des divisions existant entre Bourses et Unions. Tout cela disparaîtra avec les Unions départementales. Quand une Bourse sera en danger, comme chez nous la Bourse de Saint-Malo, tous les efforts doivent être portés sur elle.

MONTOUX. — On s'est trop ingénié à chercher les difficultés qui existeront entre les deux organismes. Tout cela c'est de l'avenir. Pour le moment, c'est l'application des décisions du Havre qui doit nous préoccuper. Nous sommes d'accord avec le rapport, nous verrons ensuite.

MERRHEIM proteste contre la tendance émise par Royer, qui n'aboutirait à rien moins qu'à détruire la base corporative de la C. G. T. Elle aboutirait à la formation de groupements non plus d'ordre corporatif, mais d'ordre d'affinité et politique par conséquent. Cette inclination fâcheuse a déjà déterminé des confusions assez graves pour que nous ne laissions pas passer des affirmations plus hardies encore dans le sens d'une orientation contraire à la nature même de l'action syndicale et du syndicalisme lui-même.

GAUTHIER. — Si les Syndicats prennent directement les timbres à l'Union départementale, les Unions locales sont appelées à disparaître. Ce point a donc besoin d'être éclairci. J'insiste parce que, si nous prenons les déclarations de Lapierre au pied de la lettre, nous nous préparons des difficultés pour l'avenir.

CONSTANT (Orléans). — Jouhaux a dit ce matin que les Unions départementales avaient pour but de créer des Unions locales et Bourses du Travail. Il disait que les Unions locales devaient jouer le même rôle que les Syndicats dans les Fédérations. Les Unions locales sont donc nécessaires. Dans chaque département, on verra ce qui doit être fait. Si les Syndicats prennent directement leurs timbres à l'Union départementale, le rôle des Unions locales devient bien effacé. Il faudrait, pour éviter des difficultés, que les Bourses et Unions prennent les timbres à l'Union départementale et les Syndicats à leur Union locale ou Bourse.

CHASLE. — Quoique nous ne sommes pas lésés dans notre département, n'ayant pas le moyen de créer des Unions locales, je demande quand même que les Syndicats soient obligés d'adhérer à leur Union locale, laquelle sera obligée d'adhérer à son Union départementale.

CHEREAU. — Je tiens à faire remarquer que l'on n'a jamais dit autre chose. Il expose la nécessité d'assurer la vie des Bourses de Saint-Malo et de Fougères, et il ajoute qu'il y a des situations analogues dans le Cher.

JOUHAUX. — La pratique fera disparaître les craintes actuelles. Il ne faut pas oublier que les deux organismes dépendent de la C. G. T.. Si l'on se place à ce point de vue, bien des difficultés disparaîtront.

Les Fédérations ont une besogne corporative qu'elles n'ont pas à subordonner à celle des Unions.

Au contraire, les Unions ont une besogne intercorporative, puisque s'adressant à un ensemble de professions diverses.

Notre mouvement doit donc laisser à chacun sa part d'action, tout en les harmonisant pour une résultat commun.

Efforçons-nous de répondre aux nécessités et de parer au danger que crée la centralisation industrielle en centralisant la propagande par les Fédérations, en la décentralisant par les Unions départementales.

On parle de centralisation départementale, en aucun cas elle ne peut être comparée à la centralisation nationale.

Au début du mouvement on nous faisait des objections identiques, on n'aurait voulu alors ni Fédérations ni Unions, mais adhésion directe à la C. G. T. Nous avons surmonté ces dangers d'une centralisation inopérante et notre recrutement n'a pas été gêné.

Il y a actuellement une situation qu'il faut regarder froidement, le rapport n'enferme personne dans un cadre étroit. Il faut faire que les secrétaires d'Unions aient la possibilité d'aider les Fédérations dans leur recrutement.

A plusieurs reprises, parlant des secrétaires d'Unions, on a prononcé le nom de préfets, c'est une appellation exagérée. En disant que ces camarades seront les délégués de la C. G. T. dans leur département, nous voulons éviter le retour de certains faits: Des camarades, bien intentionnés peut-être, parlant au nom de la C. G. T. sans être mandatés, ou allant dans les grèves, sans que nul ne les ait délégués.

Laisser à tous la liberté de parler au nom de la C. G. T. est un gros danger, des déclarations intempestives peuvent être exploitées par la presse et permettre une fausse appréciation du mouvement ouvrier. En demandant aux secrétaires d'Unions de nous tenir continuellement au courant de leur action, on peut espérer que les faits précités ne se reproduiront plus.

On ne peut préjuger et dire que quelque chose est mauvais avant de l'avoir mis en application. Si nous ne voulons rien faire nous continuerons les errements du passé, en nous figeant dans des formules stériles.

Nous ne sommes pas les auteurs de la décision du Havre, et si elle peut nous sembler prématurée, il nous faut cependant l'appliquer.

Récriminer ne sert à rien, c'est améliorer, modifier,

transformer qui sont œuvres utiles. Souvenons-nous qu'hausser les salaires, diminuer les heures de travail est besogne révolutionnaire, les possibilités de transformation de la société étant liées aux libertés que les travailleurs auront su conquérir à l'atelier. Moins le servage du salariat pèsera sur l'ouvrier, plus il sera préparé à réaliser l'acte suprême. Préparer les conditions des conquêtes successives qu'il nous faut arracher à nos ennemis de classe est donc une tâche qui s'impose à tous. Oui, la C. G. T. a une besogne sociale, largement humaine, à réaliser; si elle abandonnait ce caractère social, le gouvernement n'aurait pas besoin d'édicter de mesures répressives pour démembrer la Confédération. Mais c'est justement pour renforcer cette action sociale qu'elle doit intensifier ses activités corporatives.

LAPIERRE. — Il n'a jamais été dans notre pensée de voir disparaître les Bourses; et ce n'est pas parce que les Unions locales prendront leurs timbres aux Unions départementales que les Bourses disparaîtront. Dans vos Congrès annuels, vous examinerez les cas spéciaux de chacun de vos départements. Cet examen vous permettra d'établir vos statuts. Les Bourses devront avoir leur entière autonomie. Pour la cotisation départementale, les Congrès en fixeront le taux et les Unions locales y ajouteront les cotisations nécessaires à leur existence et suivant leurs besoins.

CONSTANT demande une précision avant le vote : A savoir si les Unions locales seront autonomes, car autrement on porterait atteinte au principe du fédéralisme.

LAPIERRE, *rapporteur*, répondant à la question de Constant, dit que les Bourses conserveront leur entière autonomie, que les Syndicats prennent leurs timbres directement aux Unions départementales ou par l'intermédiaire des Bourses ou Unions locales.

RIVELLI demande que la Commission qui a élaboré le rapport se réunisse avec les auteurs des adjonctions pour établir un travail d'ensemble afin qu'il n'y ait pas de confusion.

La motion Dret, approuvant le rapport, est adoptée à l'unanimité.

CONSTANT dépose l'ordre du jour ci-dessous :

La Conférence des Bourses, tout en laissant aux Unions départementales le soin de s'administrer comme bon leur semble,

Considère que pour rallier les forces des Unions locales aux Unions départementales il faut que les Syndicats prennent leurs timbres aux Unions locales, et celles-ci au trésorier de l'Union départementale.

LAPIERRE dépose une contre-proposition, qui est adoptée à l'unanimité moins quatre voix.

La Conférence, précisant la constitution des Unions départementales, décide que ne pourront être admises à la Conférence que les Unions départementales de Syndicats, laissant à ces Unions le soin de prévoir dans leurs Congrès régionaux les moyens les plus pratiques pour assurer l'existence des Bourses du Travail ou des Unions locales dans leurs départements, sans porter atteinte à l'autonomie de ces organisations.

Plusieurs questions restant à solutionner, il est décidé qu'il y aura séance le lendemain 15 juillet.

Troisième Journée

Quatrième séance.

Président : BARTUEL (Sous-sol) ;

Assesseurs: MARTY-ROLLAN (Toulouse), et CONSTANT (Orléans).

On vote la motion de sympathie suivante, en apprenant le coup de grisou de Cransac :

La Conférence nationale, justement émue de la catastrophe qui frappe à nouveau le prolétariat des mines, adresse aux travailleurs de Cransac (Aveyron), l'expression de sa sympathie au nom de la C. G. T.
Elle considère que la fréquence de ces accidents est due à la forme d'exploitation imposée à la classe ouvrière par la classe capitaliste.

On adopte une motion de Tabard ainsi conçue :

Après avoir entendu la discussion en ce qui concerne la vente de timbres à des organisations non confédérées, la Conférence décide de mettre fin à des actes aussi incorrects. La Commission des conflits devra faire le nécessaire au plus vite afin de délimiter les Syndicats qui doivent adhérer à telle ou telle Fédération.
La Conférence invite le Comité confédéral à faire fonctionner cette Commission afin de faire cesser tout conflit.

Une autre, de Chettyon et Tesseyre, dont voici le texte :

Dans le but de réaliser efficacement l'unité ouvrière, par l'application intégrale des statuts confédéraux et des décisions de nos Congrès, la Conférence décide que les appels à la solidarité en faveur des Syndicats en grève devront, à l'avenir, être contresignés et par la Fédération de métier ou d'industrie et par l'Union départementale à laquelle doit appartenir l'organisation en lutte.

RAPPORT DES TRÉSORIERS CONFÉDÉRAUX

CALVEYRAC, au nom des trésoriers confédéraux, donne lecture d'un rapport très détaillé sur les écarts de timbres près les mêmes syndicats à l'Union départementale et à la Fédération nationale.

En conclusion, il demande que les Unions départementales et les Fédérations nationales corporatives fournissent à la C. G. T. un rapport détaillé des timbres pris pendant l'année par chacun de leurs syndicats adhérents.

BLED. — Il ne faut pas s'alarmer à une telle mesure de différence de timbres de l'une ou l'autre des organisations; c'est ainsi que l'Union des Syndicats de la Seine n'a pas envoyé de réponse au questionnaire des trésoriers, et c'est pourquoi nous acceptons la proposition des trésoriers.

CALVEYRAC. — Bled fait quelques petites objections qui ne nous ont pas convaincus, car il faut voir pour se rendre compte sur plusieurs années.

PERICAT. — Il y a du bon dans le rapport des trésoriers où certaines indications sont bonnes à relever; et l'on pourrait voir s'il y a des syndicats tricheurs au détriment de la C. G. T.

MERRHEIM explique les moyens de contrôle employés par la Fédération des Métaux.

LAPIERRE demande à la conférence de ne pas accepter les conclusions du rapport présenté par Calveyrac. Le Bureau confédéral a une besogne plus sérieuse à faire que cette comparaison de chiffres qui peut et doit être faite par les Unions et les Fédérations. Il demande que l'on s'en tienne à la décision prise par le Congrès du Havre à ce sujet qui permet d'établir un contrôle global. Il expose l'ordre du jour ci-dessous qui est adopté à l'unanimité :

La Conférence, considérant que le vote de la motion Gauthier-Rivelli donne un moyen de contrôle suffisant aux Unions et Fédérations, rappelle le vote du Congrès du Havre, demandant aux organismes de fournir à la C. G. T.

leur bilan financier pour qu'un contrôle global par organisation puisse s'exercer.

GARDERIES D'ENFANTS

L'ordre du jour appelle l'examen de l'établissement de garderies d'enfants pour les soustraire aux patronages et œuvres diverses anti-ouvrières.

Cette question fut renvoyée par la Conférence du Havre à celle-ci.

Mais CHASLE, de Tours, avoue que cette idée n'est pas mûre pour sa réalisation et il demande que le soin d'établir ces institutions soit laissé aux organisations locales.

C'est aussi l'avis de la Conférence.

SYNDICATS AYANT DES SECTIONS DANS PLUSIEURS DEPARTEMENTS

LAPIERRE signale la situation de certains syndicats ayant des sections syndicales dans plusieurs départements. Sont dans ce cas : les Services de santé, les Travailleurs municipaux. Dans certains cas, la constitution de syndicats à cheval s'impose; il faut aller au-devant de conflits possibles.

Il demande à la Conférence de voter l'ordre du jour qui suit :

La Conférence, prenant acte de la résolution du Havre limitant le recrutement des Unions départementales aux limites strictes du département, invite les Syndicats recrutant des adhérents dans plusieurs départements à prendre des timbres à chacune des Unions où ils auraient des sections constituées.

Les Fédérations d'industrie sont chargées de transmettre aux Syndicats intéressés le vote de cette motion et en aideront la mise en application.

Après quelques explications de Guinchard, Coudun et Péricat, cet ordre du jour est adopté à l'unanimité.

VIATICUM

BIGOT indique que les conditions dans lesquelles la carte du viaticum a été établie, fait que dans le Tarn, où les voies de communication ne sont pas très droites entre deux centres, des syndiqués qui ont fait par la route 60 ou 70 kilomètres pour aller d'une Bourse à une autre, ne peuvent toucher le secours parce que ces deux Bourses se trouvent à moins de 50 kilomètres l'une de l'autre, à vol d'oiseau. Il demande à la Conférence comment pallier à ces inconvénients.

PERICAT appuie cette observation au nom de l'Union de la Savoie et demande en plus que le bénéfice du viaticum soit étendu aux syndiqués étrangers venant en France.

LABBE est d'avis, lui aussi, qu'on ne soit pas trop rigoureux.

JOUHAUX objecte que la proposition de Péricat pour les camarades étrangers doit faire l'objet de réciprocité et partant doit être soumise à une conférence internationale.

BOUSQUET se plaint en passant de ce que des syndiqués étrangers venant en France n'adhèrent pas toujours au syndicat de la ville française où ils travaillent.

LAPIERRE répond : 1° que le viaticum doit s'octroyer avec tact et que les 50 kilomètres à vol d'oiseau ne valent que comme une indication; 2° que pour servir le viaticum dès maintenant aux syndiqués étrangers venant en France, il faudrait que le sondage auquel donne lieu le viaticum actuellement, ait montré que les ressources permettront d'en étendre le bénéfice; 3° qu'on devra, pour généraliser ainsi le bénéfice du viaticum, arriver à l'établissement d'une carte d'identité internationalement établie pour cette œuvre.

BLED indique que l'Union de la Seine verse le viaticum aux étrangers, mais sur ses ressources propres, et il signale qu'il faudra qu'une conférence internationale mette fin à l'anomalie résultant du fait que des ouvriers étrangers travaillant en France paient leurs cotisations au Syndicat de leur pays d'origine.

CONTRE LA LOI DE TROIS ANS

JOUHAUX dépose alors la motion suivante, après avoir rappelé en quelques mots l'action de la C. G. T. contre les trois ans :

La troisième Conférence des Fédérations nationales corporatives, des Unions de Syndicats et de Bourses du Travail, réunissant les délégués venus de tous les centres organisés du pays, se réjouit de l'attitude adoptée par la classe ouvrière en face des projets militaires du gouvernement. Elle constate que les dits projets ont créé dans l'opinion publique une vaste et durable agitation dont l'importance va grandissant. Elle prend acte des incidents militaires qui se sont produits dans certaines garnisons, incidents dont la responsabilité toute entière remonte au criminel abus du pouvoir qui a résolu de maintenir une année de plus la classe légalement libérable en octobre prochain.

Elle renouvelle la déclaration du Comité confédéral disant qu'à ces incidents l'organisation ouvrière a été étrangère, convaincue qu'il ne faut voir en eux qu'une manifestation de l'évolution opérée dans les esprits sous l'influence des grandes idées de progrès et de revendication.

Armée des résolutions des Congrès confédéraux, la Conférence rappelle que c'est le devoir de tout salarié conscient de combattre de toute son ardeur l'extension de l'esprit militariste, contraire au développement de la civilisation et à l'émancipation de la classe ouvrière.

Par ce rappel la Conférence entend, en face de la répression faite d'arbitraire, affirmer que rien ne saurait arrêter l'organisation syndicale dans la lutte qu'elle proclame être au-dessus de toutes les puissances de compression et d'exploitation, puisque c'est contre elles qu'elle est dirigée.

Cette affirmation se justifie d'autant plus qu'elle se produit au lendemain d'arrestations arbitraires opérées dans le but d'affaiblir le mouvement.

La Conférence, consciente de traduire et d'exprimer les sentiments du prolétariat, se déclare résolue à poursuivre l'agitation et à combattre une réaction rendue plus arrogante par la veulerie parlementaire.

Elle invite les organisations ouvrières à redoubler d'activité et charge le Comité confédéral d'agir en vue de tirer parti de toutes les situations susceptibles de coordonner l'élan de réprobation manifesté par le monde ouvrier, seul victime du militarisme.

Sur les poursuites actuelles, la Conférence enregistre, aujourd'hui que le dossier est ouvert, tout l'odieux de ces poursuites engagées afin d'établir une relation directe entre les incidents militaires et l'organisation syndicale.

De l'examen du dit dossier il résulte que rien ne permet d'établir cette relation et ainsi s'accuse le dessein du gouvernement qui pour ces mesures arbitraires a voulu dérouter l'opinion publique et faciliter l'adoption des projets militaires, contre lesquels se dresse un nombre imposant de travailleurs.

ROYER. — Devant les menaces de dissoudre la C. G. T., l'Union du Rhône propose l'ordre du jour suivant :

L'Union des Syndicats du Rhône propose que la Conférence des Bourses et des Fédérations donne mandat au Comité confédéral d'organiser, par la voie des Fédérations et Unions départementales, la grève générale avec toutes ses conséquences si les pouvoirs publics dissolvaient la C. G. T. ou restreignaient les libertés syndicales.

MARCHAND (*Tonneau*). — La résolution de Jouhaux est un beau monument littéraire, mais elle ne résout rien.

Nous avons consulté nos Syndicats, ils sont d'avis qu'il serait honteux de faire sombrer le mouvement dans le ridicule, et nous vous proposons la grève générale pour le 24 septembre.

MERRHEIM proteste contre le mot ridicule; ce qui rend nos mouvements ridicules, dit-il, ce sont les propositions aussi graves en l'air.

MARCHAND, à l'appui de sa proposition, dépose l'ordre du jour suivant :

La Conférence des Fédérations et Bourses, affirmant qu'il est pleinement dans le rôle de défense sociale et économique de la C. G. T. de combattre le projet ruineux et liberticide de retour à la loi de trois ans.

Affirme que les organisations syndicales ont le devoir et le droit de veiller à la sécurité morale et physique de leurs adhérents encasernés ;

Que les mesures arbitraires du gouvernement ne sau-

raient qu'intensifier l'agitation contre la détention injustifiée de la classe libérable sous les drapeaux ; contre les condamnations sauvages prononcées par les Conseils de guerre à l'endroit de soldats qui n'avaient parfois commis que le crime d'être syndiqués ;

La Conférence affirme que pour toutes ces raisons les Fédérations, Unions et Syndicats devront préparer leurs adhérents à se lever en masse le 24 septembre en une grève générale (qui durera ce qu'elle durera et sera ce qu'elle sera) si la classe 1910 n'était pas libérée à cette date et pour également empêcher l'application d'une loi de régression.

Marchand, Fédération du Tonneau ; Morandière, Bourse du Travail de Cognac.

PERICAT dit que Merrheim fait erreur quand il dit qu'on a faussé l'action de la C. G. T. en sacrifiant l'action corporative à l'action sociale.

— Dites que vous allez rester dans l'action corporative absolue. Qu'on le veuille ou non, la loi de trois ans c'est le pivot de l'action syndicale.

Il votera la motion Jouhaux parce qu'il espère qu'elle comporte de l'action.

BIGOT déclare. — Je voterai la motion Jouhaux; si les gouvernants voulaient dissoudre la C. G. T., j'ai toute confiance au C. C. pour prendre toutes dispositions utiles.

BOUSQUET veut bien qu'on ne précise pas l'action à faire, mais il est partisan que l'action confédérale s'exerce sur tous les terrains.

JOUHAUX. — La motion présentée n'est pas une motion de recul ni d'inaction. Elle est une invite à suivre de très près les incidents qui peuvent se dérouler, et à nous préparer à recourir à tous les moyens de lutte adaptés aux circonstances dont les soldats seuls recèlent le secret.

On nous reproche de ne pas parler de grève générale pour septembre prochain. Pouvons-nous ainsi engager une responsabilité qui n'est pas la nôtre.

Car c'est de l'action des soldats libérables que peut découler un ébranlement, c'est sur leur mécontentement à traduire par un premier geste que nous pouvons nous appuyer en vue d'un mouvement amplifié.

Demain comme hier, c'est à notre conception syndicaliste qu'il nous faudra recourir, si les circonstances le permettent. Mais nous ne pouvons qu'utiliser, amplifier un premier effort déjà engagé par les intéressés, en l'espèce les hommes libérables.

Un mouvement général n'est possible qu'à la condition qu'il repose sur l'action des soldats, action qui relève d'eux seuls et pour laquelle nous ne pouvons qu'affirmer une sympathie que les événements peuvent transformer en efforts agissants.

C'est pour toutes ces raisons que nous déposons notre motion, estimant que, mise en application par tous, dans sa lettre, dans son esprit, elle nous permettra d'attendre l'arme au pied, prêts au combat, que s'opère, chez les soldats, un travail au bout duquel ce sera la rébellion contre l'illégalité gouvernementale.

BROUTCHOUX accepte la motion Jouhaux, qui est faite par un littéraire; mais, comme Marchand, il demande des précisions; nous ne devons pas faire comme l'autruche qui cache sa tête sous les plumes; il en serait de même de nous si, pour combattre le danger, on ne veut pas le voir; ne soyons pas ridicules.

LUQUET réplique. — Ce qui est ridicule, c'est de proposer d'aller à la bataille avec une plume quand l'ennemi braque ses canons.

BROUTCHOUX considère que la C. G. T. a un rôle social et humain à remplir; et c'est pour ces motifs qu'il préfère la proposition Marchand. Il y a de nombreux fils de mineurs dans le Pas-de-Calais qui risquent d'être retenus à la caserne, et ceux-ci ne demanderont qu'à agir pour les libérer.

MERRHEIM dit être amené par les propositions qui sont faites à préciser ses déclarations de la veille. Il affirme à nouveau que la C. G. T. a été trop poussée à ne répondre qu'aux menaces gouvernementales et qu'ainsi elle s'absorbait dans une action extrasyndicale et extracorporative qui laissait le patronat bien tranquille, puisque l'action syndicale était faussée, détournée de son vrai but par les manœuvres mêmes du gouvernement.

En entendant Broutchoux, je me disais : « Mais Basly n'a donc pas fait une si mauvaise besogne puisque les mineurs du Pas-de-Calais sont prêts à se dresser, à faire grève pour des objets de ce genre. »

Certains camarades sont trop portés à tout résoudre par des ordres du jour et par du bruit. Aux Métaux, nous croyons avoir fait, sans bruit, une excellente besogne. Comme il convenait de le faire, nous avons institué le Sou du soldat dans un sens de pure fraternité avec nos camarades qui en profitent.

Et maintenant, laissez-moi dire à Royer que si nous n'avions que la grève générale de protestation à notre disposition pour répondre à la dissolution de la C. G. T., nous serions bien faibles. Je vois une meilleure réponse dans la reconstitution, le lendemain, et à chaque dissolution de notre organisme central.

Oui, s'écrie Merrheim, la C. G. T. a un grand rôle à remplir dans le mouvement social ; mais je ne veux pas que ce soient des irresponsables d'à-côté qui nous entraînent où ils veulent et comme ils veulent et non comme il nous conviendrait; alors surtout qu'après nous avoir entraînés, faussé notre mouvement, ils nous faussent aussi compagnie.

C'est la C. G. T., c'est le syndicalisme qui sont en jeu. Nous n'avons pas une erreur à commettre et je suis heureux d'avoir eu, hier, l'occasion de faire les déclarations que j'ai faites et de me trouver d'accord avec Jouhaux et bien d'autres militants.

PERICAT regrette que Merrheim ait dit que l'action sociale menée jusqu'ici avait faussé l'action syndicale. Il énumère ensuite les peines dont on a frappé soldats et militants.

Et, s'écrie-t-il, on ne ferait rien pour eux! Mieux vaut mourir en combattant que vivre à ne rien faire quand il faudrait agir!

Je suis bien d'accord avec Merrheim sur la reconstitution de la C. G. T. au cas où on la dissolverait; mais pour la libération de la classe, il faut autre chose. Il faut, par exemple, qu'en rentrant chez eux, les camarades de province fassent le maximum d'efforts et de propagande et si au 24 septembre on peut éviter la grève générale, tant mieux, mais s'il faut la faire, il convient de la préparer.

CONSTANT, de la Voiture, dit que l'Union des Syndicats de Saumur lui a donné mandat de ne rien négliger pour une action sociale, en réponse au gouvernement.

JOUHAUX intervient à nouveau, très brièvement. Il demande à chacun de bien envisager la situation actuelle. Prévoir dès maintenant une action définie, dit-il, ce serait s'acculer peut-être à des actes d'impuissance ou se mettre dans l'impossibilité de réaliser ce qu'on aurait décidé.

LA SEMAINE ANGLAISE

BIGOT donne lecture d'un long et intéressant rapport sur la propagande envisagée par l'Union du Tarn pour diffuser l'idée d'application de la semaine anglaise.

JOUHAUX se plaint que l'agitation pour la semaine anglaise n'ait pas été soutenue. Des cartes postales et des brochures de propagande ont été éditées, mais les organisations ne font pas tout ce qu'elles devraient faire pour les distribuer à leurs adhérents.

Des timbres de solidarité pour soutenir les camarades qui se mettraient en grève pour la conquête de la semaine anglaise ont été également édités; il faudrait que les secrétaires d'organisation s'en munissent et s'efforcent de les vendre.

RIVELLI profite des indications données par Jouhaux pour préconiser les hautes cotisations. Il montre que cela est possible par l'exemple de ce que font les inscrits qui, bien que gagnant très peu, paient des cotisations syndicales assez élevées.

INGELS fait l'historique de la grève des tisseurs de Saint-Quentin qui luttent depuis quarante jours pour obtenir la semaine anglaise.

La Fédération Textile a soutenu tant qu'elle a pu les 2.400 grévistes et leurs familles. La C. G. T. les a également aidés. Mais l'effort général n'a pas été suffisant ; il faut l'intensifier.

DESMARETS appuie énergiquement la proposition du camarade Inghels.

Le débat se termine par le vote de la motion suivante déposée par Jouhaux :

La Conférence charge le Comité confédéral d'intensifier la propagande en faveur de la diminution des heures de travail et l'obtention du repos de l'après-midi du samedi, par les réunions éducatives, par la diffusion de brochures, affiches, cartes postales illustrées, éditées sur la question.

La Conférence donne également mandat au C. C. de décider d'une démonstration généralisée en faveur de la réforme, laissant celui-ci juge de l'heure à choisir lorsque la besogne de préparation aura réalisé son maximum d'effet.

La Conférence décide, par le canal des Fédérations, des Bourses et des Unions, l'écoulement, parmi les syndiqués, du timbre de solidarité destiné à soutenir effectivement les grèves engagées pour la conquête de cette amélioration sociale.

POUR LES CAMARADES EMPRISONNÉS

JOUHAUX propose, pour les camarades emprisonnés, une collecte et une adresse de sympathie. L'une et l'autre ont naturellement l'assentiment général.

Voici le texte de cette adresse :

Les délégués à la Conférence envoient aux camarades emprisonnés pour l'action syndicale l'expression de leur solidarité, en même temps qu'ils les assurent de leur concours entier pour l'obtention de leur libération.

HISTORIQUE DU MOUVEMENT SYNDICAL EN FRANCE

LAPIERRE attire l'attention de la Conférence sur la nécessité d'avoir une étude du mouvement syndical et de la C. G. T. écrite par le Bureau confédéral.

Il voudrait que l'on ne laissât pas à des auteurs plus ou moins qualifiés le soin d'écrire ce qu'est le syndicalisme en France et les difficultés que les militants ont rencontrées dans leur besogne de recrutement.

Pour mener à bien ce travail, il suffirait de laisser au secrétaire confédéral plus de temps qu'il n'en a actuellement.

La Conférence accepte cette proposition.

Le Congrès de Grenoble indiquera comment ce travail pourra être édité.

DIVERS

Le délégué de Montpellier proteste contre le vote émis à la Conférence qui suivit le Congrès du Havre au sujet d'un conflit déjà ancien entre un journal socialiste de cette localité et une section du Livre.

Mammale et Lescalié prennent part à cette discussion qui se termine dans le bruit.

MOREL (Clermont-Ferrand) se plaint que la brochure du Congrès du Havre ne soit pas encore parue ; il est alors formellement entendu que désormais les Congrès seront imprimés à Paris.

L'ordre du jour de la Conférence est épuisé.

Jouhaux félicite les délégués pour la besogne accomplie. Il montre qu'elle peut avoir une grande importance sur l'avenir du mouvement syndical, à la condition essentielle que chacun se mette au travail avec l'unique souci de fortifier les organisations et de préparer l'action de demain.

Des résultats ont été enregistrés dans le passé, des conquêtes plus grandes, plus importantes, plus générales, ayant un caractère social plus caractérisé, pourront être réalisées s'il règne une atmosphère de sympathie, si sont créés des liens de solidarité entre Fédérations nationales corporatives et Unions départementales de syndicats divers : d'une entente réciproque, d'une confiance mutuelle surgiront des forces nouvelles, fécondes en réalisations. Là doit être notre objectif, à le réaliser unissons nos efforts.

La Conférence est déclarée close.

Table des Matières

	Pages.
Fédérations de métiers ou d'industries représentées à la Conférence	3
Unions départementales représentées à la Conférence	4
Bourses du Travail représentées à la Conférence	5
PREMIÈRE SÉANCE	7
Vérification des mandats	7
DEUXIÈME SÉANCE	10
Rapports devant exister entre Fédérations, Bourses du Travail et Unions	10
Une motion préjudicielle	22
Discussion sur le rapport	23
Rapport de l'Union du Rhône sur les Unions départementales	25
TROISIÈME SÉANCE	35
QUATRIÈME SÉANCE	48
Rapport des trésoriers confédéraux	49
Garderies d'enfants	50
Syndicats ayant des sections dans plusieurs départements	50
Viaticum	51
Contre la loi de trois ans	52
La Semaine anglaise	57
Pour les camarades emprisonnés	58
Historique du mouvement syndical en France	59
Divers	59

PARIS
FÉDÉRATIONS (Service de
rue de la Grange-aux-B

www.ingramcontent.com/pod-product-compliance
Lightning Source LLC
LaVergne TN
LVHW021734080426
835510LV00010B/1246